BE. HERE. NOW.

Titel der Originalausgabe:
Presence – Know yourself, claim your power, take up space
Erschienen bei Hardie Grant Books,
einem Imprint von Hardie Grant Publishing

Copyright Text © Lisa Lister
Copyright Illustrationen © Evi O. Studios

Deutsche Erstausgabe
Copyright © 2022 von dem Knesebeck GmbH & Co. Verlag KG, München
Ein Unternehmen der Média-Participations

Projektleitung und Lektorat: Anja Sommerfeld, Knesebeck Verlag
Übersetzung: Kathrin Köller, Berlin
Umschlaggestaltung: Leonore Höfer, Knesebeck Verlag
Satz: Akademischer Verlagsservice Gunnar Musan
Druck: Leo Paper
Printed in China

ISBN 978-3-95728-614-7

Alle Rechte vorbehalten, auch auszugsweise.

www.knesebeck-verlag.de

LISA LISTER

BE. HERE. NOW.

SELBSTBEWUSST, KRAFTVOLL & PRÄSENT

KNESEBECK

INHALT/

BE HERE NOW: EIN AUFRUF AN MICH SELBST/6

EINLEITUNG/12

Erster Teil:
SELBST-BEWUSST/20

1: Nimm Kontakt zu deinem Körper auf – und höre auf ihn /22
(mit viel Liebe und jeder Menge Mitgefühl)

2: Spüre deine Gefühle /40
Fühle, enthülle und heile

3: Flip the Script /55
Erzähle deine Geschichte neu

Zweiter Teil:
KRAFT-VOLL /68

4: Entdecke deine Frequenz /70
Verbinde dich mit deinem Zentrum und lokalisiere deine eigene Energiequelle

5: Finde deine Quelle /86
Erschließe deine Quelle, nähre und versorge dich

6: Sei deine eigene Autorität /104
(und deine Top-Priorität)

Dritter Teil:
PRÄSENT /124

7: Zeig dich /126
Ganz so, wie du bist

8: Steh zu dir /143
Wisse, was du willst und wie du es bekommst

9: Zünde dein Licht an /156
Wie du strahlst, gesehen wirst und magnetisierst

BE HERE NOW: DEINE PRÄSENZ IST DEINE POWER/ 168

Über die Autorin /173
Register /174

BE HERE NOW:
Ein Aufruf an mich selbst

Im Hier und Jetzt präsent zu sein macht mich stark. Ich bin ein Leuchtturm. Mein Körper ist ein Haus der Kreativität und Stärke. Ich werde gesehen und ich strahle. Hell.

Ich entschuldige mich nicht für mein Auftreten oder dafür, was ich trage oder wie ich mein Haar style.

Ich akzeptiere Komplimente offenherzig. (Und gleichzeitig weiß ich, dass ich sie nicht brauche, um mich gut und richtig zu fühlen.)

Ich kenne, vertraue, respektiere und ehre mich, meinen Körper und meine Lebenserfahrung.

Ich leuchte in meine dunklen Ecken – die echten und die vermeintlichen – um alles an mir anzuerkennen.

Ich habe auf jeden Fall Fehler gemacht. Ich hab's verbockt. Ich bin gescheitert. Ich bin ein Mensch. Ich bestrafe mich nicht für meine Fehler, ich erkenne sie an, lerne aus ihnen und wachse.

Ich weigere mich, Label wie Scham, Erniedrigung oder »nicht gut genug« zu akzeptieren, bloß weil ich als Frau in dieser Welt herumlaufe.

Ich befreie mich von gesellschaftlichen Vorstellungen darüber, was ich tun »sollte«. Ich träume, äußere meine eigenen Ideen und lasse mein Leben wahr werden.

ICH VERKÜNDE …

ICH BIN WERTVOLL.

**ICH BIN WICHTIG.
ICH STRAHLE VON INNEN.
ICH BIN VOLLER KRAFT.
ICH BIN IN BEWEGUNG.
ICH KOMME VORWÄRTS.
ICH BIN GANZ.**

EINLEITUNG

EINLEITUNG

Bist du eine Frau, die die Kraft ihrer eigenen Präsenz kennt? Eine Frau, die ihre eigenen Wünsche und Bedürfnisse vorne anstellt? Die weiß, was sie selbst wert ist? Eine Frau mit großem Herz und starken Grenzen? Die andere stark macht und inspiriert? Eine Frau, die einen ganzen Raum zum Leuchten bringen kann? Die nicht außerhalb von sich nach Anerkennung sucht, sondern sich selbst wertschätzt und sich traut, von innen heraus zu strahlen?

Hell.

Wirklich verdammt hell.

Ich meine, das ist das Ideal, oder? DIESE Frau zu sein.

Außer natürlich, du denkst vielleicht, genau wie ich, dass es unglaublich viel Mut und Kraft braucht, DIESE Frau zu sein. Weil du, wie ich, wahrscheinlich von früh an gelernt hast, dass du einige oder alle der folgenden Sachen tun musst, um dich in der Welt zu zeigen.

- Fake it till you make it.
- Erfülle völlig unrealistische Schönheitsideale.
- Fühle dich schlecht, wenn deine Haut/Beine/Haare/Brüste, die absolut völlig wunderbar sind, nicht den genannten Erwartungen entsprechen. Kaufe sofort ALLE. DIE. PRODUKTE, die Verbesserung versprechen.
- Lege dir eine Persönlichkeit zu, von der du *glaubst*, dass die Leute dich so sehen wollen.
- Nutze verschiedene Masken für verschiedene Leute, Anlässe und Situationen, um dich in einer Welt zurechtzufinden, die dir das Gefühl gibt, nicht genug zu sein.

Wir befinden uns in einem Kreislauf kollektiven Traumas, einfach dadurch, dass wir als Frauen in einer Welt leben, deren Strukturen nicht zu unseren Gunsten angelegt sind. Soziale Erwartungen wie die oben geschilderten halten uns beharrlich in einem Zustand von Misstrauen und Entfremdung von uns selbst, unseren Körpern, voneinander und der Welt. Das sorgt für die einschränkenden

Vorstellungen und Verhaltensweisen, die wir beigebracht bekommen und gelernt haben. Glaubenssätze, die wir unbewusst verinnerlicht haben und die dafür sorgen, dass wir uns weniger wert fühlen, uns permanent miteinander vergleichen und in Konkurrenz zueinander sehen.

Es ist kein Wunder, dass viele der wiederkehrenden Gesundheitsprobleme von Frauen Entzündungen sind: eine Antwort des Körpers auf jahrelange Traumata, Stress und Angst, entstanden aus dem Gefühl, abgekoppelt und nicht gut genug zu sein. Diese Probleme äußern sich zum Beispiel, aber nicht nur, in chronischen oder menstrualen Schmerzen, Stress, Burn-out, Angst und Panikattacken.

Wenn man Frauen sagt, sie sollen bei sich bleiben, ihre Kraft wiederfinden, die Verbindung zu ihrem Körper wieder aufnehmen und ihren Bedürfnissen und Wünschen folgen, dann ist es kein Wunder, dass viele von ihnen erst mal ablehnend reagieren. Wir haben vergessen, wer wir waren, bevor man uns gesagt hat, wer wir zu sein haben. Wir erkennen uns gar nicht mehr, wir haben keinen Anhaltspunkt für unsere Wünsche und Bedürfnisse, weil wir einfach immer nur tun, was wir tun müssen, um zu überleben.

Deswegen schreibe ich dieses Buch.
Um dir zu helfen, dich zu erinnern.

Ich möchte, dass du dich erinnerst, dass im Hier und Jetzt zu sein nicht einfach heißt, etwas über Körpersprache und Haltung zu lernen, oder wie du roten Lippenstift trägst (wobei ich roten Lippenstift liebe). Es hat etwas mit Selbstentdeckung zu tun, den Kontakt zum eigenen Körper wieder aufzunehmen, die eigene Frequenz auszuloten und sich daran auszurichten, bis man kein Theater mehr spielen muss. Es geht nicht um Umstyling, sondern um das Auflösen von Glaubenssätzen, die dich kleinhalten, und darum, deine eigene Geschichte neu zu schreiben. Eine Geschichte, bei der du dir selbst vertraust. In der du deinen Körper ehrst und achtsam mit ihm umgehst. Eine Geschichte, bei der du die intuitiv gefühlten Wahrheiten in deinem Herzen erkennst und als deine innere Weisheit wertschätzt. Eine Geschichte, in der du dich weder schämst noch beschuldigst oder von dir selbst entfremdest.

Es geht darum, zu dir zu stehen – zu *all* dem, was dich ausmacht, den hellen und den dunklen Anteilen. Und zu wissen, dass egal, was du wirklich oder vermeintlich vermasselt hast (verbunden mit der Erkenntnis, dass du noch mehr Fehler machen wirst, denn du bist nun mal ein Mensch), du verdammt noch mal Nahrung, Fürsorge, Freude und große, glorreiche Liebe verdienst.

Ich möchte, dass du in deiner eigenen Präsenz leidenschaftlich anwesend bist, dass du sie anerkennst, umarmst und vorantreibst.

Deine eigene magnetische, strahlende Präsenz.

Eine Präsenz, die nicht künstlich ist, um anderen zu »gefallen«, und auch keine Maske, um sich dahinter zu verstecken.

Eine Präsenz, die nur eins ist: du – wahrhaftig, echt und kraftvoll, ohne jede Entschuldigung.

Das heißt nicht, dass du laut, frech und grell sein musst (wobei du natürlich unbedingt darfst); es heißt nicht, dass du dir die Haare pink färben oder den ganzen Arm voller Tattoos stechen musst (darfst du aber natürlich). Es heißt einfach, dass du dein wahres Ich kennst und magst und weißt, dass es sich auch jeden Moment ändern kann. Tatsächlich ändert sich mein Empfinden von einer menstruellen Phase zur nächsten. Es hat mehr etwas damit zu tun, dich selbst zu achten und die sich immer wieder ändernde, rhythmische Natur *deiner* Kreativität zu respektieren. Mit Selbstliebe, Respekt für und Vertrauen in dich, um zuallererst für dich selbst aufzustehen, damit du anschließend für deine Familie, deine Community und den Planeten aufstehen kannst.

Darin besteht die Kraft deiner Präsenz im Hier und Jetzt.

Und der Weg dahin, die eigene Präsenz zu spüren, zu pflegen? Selbstliebe. *Nicht* die Nimm-mal-ein-Bad-und-–mach-draußen-einen-Spaziergang-Art von Selbstliebe,[1] die schon arg

---

[1] Ich habe großen Respekt vor dieser Art von Selbstliebe, aber mir ist bewusst, dass sie oft zu Augenrollen führt und davon ablenkt, dass Selbstfürsorge in ihrem Kern ein täglicher Akt ist des für sich selbst Aufstehens, sich um sich selbst Kümmerns, des sich Pflegens und Ernährens. Und na ja, dieser Kram ist nicht immer einfach.

überstrapaziert ist (Ich meine, mal im Ernst, wir alle haben bei solchen Social-Media-Posts schon mal die Augen gerollt, oder?). Es geht um kraftvolle Selbstfürsorge, die eine ehrliche und tiefe Verbindung zu dir selbst aufnimmt, sowie das Wissen darum, was du brauchst, und sicherzustellen, dass diese Bedürfnisse erfüllt werden, weil du WEISST, dass du es wert bist.

Eine Frau, die in einer aktiven Beziehung mit ihrem Körper steht – eine Frau, die fähig ist, sich selbst zu pflegen, zu versorgen und zu ernähren? Wow, sie verändert Denkmuster und Spielregeln.

Ich weiß, das Letzte, was du jetzt brauchst, ist ein weiteres Self-Help-Buch oder eine »Expertin«, die dir verklickert, was du denken und tun sollst. Dies ist kein »Wie du erfolgreich Błablabla«-Buch. Es ist auch kein Ersatz für eine Therapie. Ich werde dir definitiv nicht sagen, wie du deine Probleme zu »lösen« hast oder etwas »wieder auf die Reihe kriegst«.

Dies ist ein »Ich hab dich, wir schaffen das gemeinsam – los geht's«-Buch, in dem ich Einsichten, Weisheiten und Orientierungshilfen teile.

Ich habe die letzten 15 Jahre in den verschiedensten Bereichen der Frauengesundheit gearbeitet, als Coach für somatische Körperarbeit, als Therapeutin für Frauengesundheit, als Yogalehrerin für Menschen mit größerer Körperweite und als Menstruationsexpertin. Ich bin außerdem eine Frau, die selbst die Erfahrung gemacht hat, was für eine mächtige Intelligenz in meinem Körper steckt. Vor allen Dingen möchte ich dich beim Entdecken der Kraft deiner eigenen unwiderstehlich faszinierenden Präsenz in dir selbst unterstützen.

Alles, was ich in diesem Buch schreibe, ist eine Einladung, die Verbindung zu *deinem* Körper aufzunehmen und mit ihm zu arbeiten. Dafür ist Selbstverantwortung auf jeden Fall notwendig. Nimm dir, was sich für dich richtig anfühlt, und vergiss den Rest.

Klingt das okay für dich?

Wenn du dich mit der Kraft deiner eigenen Präsenz auseinandersetzt, was, nur so zur Info, eine tägliche Übung ist, dann wirst du anfangen, ein verlässliches und beständiges Gefühl von Verbindung zu dir selbst und zu deinem Leben aufzubauen.

Du wirst fähig sein, dein eigenes Schiff sicher von deinem Körper aus zu navigieren, und du wirst kluge Entscheidungen treffen können, ohne darauf angewiesen zu sein, dass andere dich retten.

Du traust dir, und weil du das tust, bist du in der Lage, anderen Menschen zu vertrauen, und andere vertrauen dir.

Dein »Fassungsvermögen« für neue Möglichkeiten, größere Vitalität und Freude wächst in deinem Leben.

Du hast mehr Energie und fühlst dich präsenter, besser versorgt und lebendig: Du fühlst dich ausgeglichen.

Deine Beziehungen und dein Selbstausdruck haben Raum, um zu wachsen und aufzublühen.

Du fühlst dich bestärkt. Du hast Kraft und aus diesem Ort der Kraft und Resilienz heraus kannst du dich hochfahren, dich zeigen, etwas schaffen und ausdrücken, weswegen du hier in diesem Leben bist.

Denn, ehrlich gesagt, ist es Zeit, dass Frauen sich der Kraft ihrer eigenen Präsenz bewusst werden, wieder in Verbindung mit ihren Körpern, einander und dem Planeten treten. Es ist Zeit, dass sie gesehen und gehört werden, souverän sind, einen Unterschied machen und vorangehen – direkt aus Herz und Bauch heraus.

WENN DU EINE FRAU BIST, DIE DIE KRAFT IHRER PRÄSENZ KENNT, DANN WEISST DU:

— um all die hintertückischen Spielchen, die ablaufen, um dich ängstlich, gefällig und ungenährt zu halten.

— dass du dich von den gesellschaftlichen, kulturellen und familiären Fesseln befreien und als du selbst für dich eintreten kannst.

— wie du den Kontakt zu deinem Zentrum aufnimmst und all das tust, was sich für dich gut und richtig anfühlt.

— dass, wenn du genährt und fruchtbar bist, du eine unwiderstehliche und liebevoll leuchtende Ausstrahlung hast.

— dass du in deiner eigenen Frequenz schwingst.

— dass du selbst zu sein eine Superkraft ist.

ERSTER TEIL: SELBSTBEWUSST

1: NIMM KONTAKT
zu deinem Körper auf – und höre auf ihn

(mit viel Liebe
und jeder Menge
Mitgefühl)

»Traue dir.«
»Höre auf deinen Körper.«
»Der Körper lügt nie.«

Wie bei so vielen tiefgründigen Konzepten und Ideen, die zu Social-Media-Posts verarbeitet werden und ohne Zwischentöne und Kontext zitiert werden, so klingt auch der Gedanke daran, sich selbst zu trauen und auf den eigenen Körper zu hören, theoretisch nach einer wirklich guten Idee – aber in echt?

Nicht wirklich.

Falls du dich auf *irgendeine* Art und Weise von deinem Körper abgekoppelt fühlst, falls du Angst, Depressionen oder Panikattacken hast und sich dein Körper nicht wie ein sicherer Ort anfühlt, und du *trotzdem* auf deinen Körper hörst und darauf vertraust, was er dir sagt, dann kann es gut sein, dass du links und rechts Missionen abbrichst, schlechte oder gar keine Entscheidungen triffst. Um unserem Körper, unserer Intuition und unserem Bauchgefühl trauen zu können, müssen wir erst mal unseren Körper als sicheren Ort bewohnen, mit dem wir uns verbunden und in dem wir uns wohlfühlen.

Wenn du in deinem Körper nicht zu Hause bist,

- bist du unfähig zu fühlen – körperlich, emotional, spirituell.
- kannst du Freude, Schmerz, Hoffnung oder Angst anderer nicht wahrnehmen.
- fällt es dir schwer, dir selbst und deiner Intuition zu trauen.
- ist es schwierig, zu lernen, dich zu ändern und zu wachsen.
- hast du Angst, abgelehnt zu werden.
- hast du das Gefühl, nicht gut genug zu sein.
- siehst du dich in Konkurrenz zu anderen Frauen.
- hast du Angst, dich zu äußern und/oder gesehen zu werden.
- lässt du andere auf deine Kosten stark erscheinen.
- wartest du auf Erlaubnis und Bestätigung von außen.

WIESO LASSEN WIR UNS SELBST IM STICH?

Oh, lass mich ein paar Gründe aufzählen.

Technologische Überflutung, Schmerz (ob körperlich, emotional oder spirituell), 80-Stunden-Wochen, Social-Media-Konkurrenz, Mangel an Verbundenheit in analogen Beziehungen und Communitys, Traumata (ob persönliche, gesellschaftliche oder Generationstraumata), zu viel zu tun über einen zu langen Zeitraum, Selbstzweifel, das Jonglieren eines anspruchsvollen Jobs mit dem Anspruch, eine gute Mutter zu sein *und* eine großartige Liebhaberin, und *all* diese Dinge für *all* diese Leute (außer für dich selbst natürlich) zu sein … und das ist erst der Anfang.

Viele von uns haben negative Erfahrungen aus der Kindheit verinnerlicht, wie zum Beispiel die Kritik von anderen an uns oder familiäre und gesellschaftliche Glaubenssätze. Wir erleben manche Erfahrungen wie Scham- und Schuldgefühle und Erniedrigung allein deswegen, weil wir Frauen sind: weil wir auf eine bestimmte Art gucken, weil wir *nicht* auf eine bestimmte Art gucken, weil wir nicht den richtigen Hautton haben oder unser Körper nicht die richtige Figur; dafür, dass wir bluten und dafür, dass wir nicht bluten; dafür, dass wir »zu intensiv« sind oder »nicht genug«. Wir beschimpfen uns selbst für all die Male, wo wir »Nein« sagen wollten und es nicht getan haben, und für all die Male, bei denen wir »Ja« gesagt haben und uns gewünscht hätten, wir hätten es nicht getan. Und das ist nur das Zeug aus *diesem* Leben. Wir tragen alle auch Sachen mit uns herum, die in unserer Familiengeschichte passiert sind – und wir tragen das *in* unserem Körper. Pack dazu noch gesellschaftliche Hypnose … ist es dann ein Wunder, dass wir uns abkoppeln wollen?

Was ist gesellschaftliche Hypnose?

Gesellschaftliche Hypnose entsteht aus einer Reihe kleiner, scheinbar belangloser Geschichten, Handlungen und Situationen, die unser Leben lang langsam – tropf, tropf, tropf – in unsere Seele getropft sind. Diese Ereignisse verkabeln unser Nervensystem auf eine negative Art, sodass unsere Körper darauf konditioniert werden, dass wir uns konstant voller Angst, nicht gut genug, wertlos und unsicher fühlen.

DU BIST NICHT KAPUTT.

ES SIND DIE GESELLSCHAFTLICHEN SYSTEME UND STRUKTUREN, DIE KAPUTT SIND.

Diese gesellschaftliche Konditionierung oder Hypnose hält uns in einem Zustand der Entfremdung – von unserer wahren Natur, von Mutter Natur, von unserer Kreativität, unserer rhythmischen Intelligenz und von unserer zyklischen Verbindung zu unseren Körpern, den Jahreszeiten, dem Mond und dem Kosmos.

Sie sorgt dafür, dass wir unsere Beziehung zu *allem* infrage stellen.

Sie gibt uns das Gefühl, dass wir defekt und nicht gut genug sind. Sie sorgt für ein geringes Selbstwertgefühl und geringe Selbstachtung.

Wenn wir so denken und fühlen, sind wir weniger in der Lage, unsere Ziele zu verfolgen und erfolgreich zu sein, kreativ zu sein, etwas zu erreichen und zu wachsen und auf das zu vertrauen, was wir wissen. Wir halten uns für unfähig.

Wenn wir darauf konditioniert sind, so zu denken und zu fühlen, ist es schwer, uns selbst zu trauen. Und wenn wir uns selbst nicht trauen, fühlt sich unser Körper nicht wie ein sicherer Ort an.

WAS PASSIERT, WENN UNSER KÖRPER SICH NICHT SICHER ANFÜHLT?

In einem Körper zu leben, der sich in dieser Welt nicht sicher fühlt, ist verdammt schmerzhaft.

Also entwickeln wir Überlebensstrategien. Manche von uns ritzen sich. Manche von uns essen zu viel. Manche von uns essen überhaupt nichts mehr.

Manche von uns werden so geschäftig oder lenken sich ab, dass sie keine Zeit mehr haben, überhaupt irgendetwas zu fühlen. Wir werden selbstzerstörerisch. Oder wir halten uns klein und unsichtbar. Oder wir erlauben uns nicht die Ressourcen und die Nahrung, die wir brauchen, um zu funktionieren, uns zu reparieren, zu wachsen und zu gedeihen.

Wenn wir in diesem Überlebensmodus sind, kann es sein, dass sich in unserem Körper blöde Sachen einstellen: Schmerzen, Krankheiten, Angst, Depression, prämenstruelle Symptome und Regelstörungen. Diese Leiden schicken uns über den Schmerz eine Botschaft. Sie sagen uns: »*Wach auf. Sei aufmerksam.*« Aber wir hören nur selten hin.

Wir wissen nicht, wie.

Niemand hat es uns beigebracht.

Stattdessen denken wir, unser Körper würde uns hassen.

Wir denken, er würde uns betrügen.

Also machen wir zu.

Wir schalten ab. Wir wehren unsere eigenen Körpergefühle ab.

Viele von uns führen ein so prall gefülltes, geschäftiges Leben, dass wir selten, wenn überhaupt, leise oder ruhig genug werden, um zu hören, was unsere Körper uns sagen wollen. In manchen Fällen fühlt sich Ruhe und Stille so unangenehm an, dass wir die Geschäftigkeit, den dauernden Krach und das Social-Media-Scrollen nutzen, um uns von uns selbst und unserer Gedankenflut abzulenken.

In den letzten 15 Jahren habe ich eine ganze Reihe an Körperarbeit-Techniken studiert und gelehrt. Ich bin eine ausgebildete Therapeutin für Frauengesundheit, die die Verbindung von Körper, Geist, Psyche und Spiritualität erforscht, und trotzdem, trotz all meines Wissens ertappe ich mich *immer noch*, wie ich mich von meinem Körper und meiner Erfahrung als Frau abkoppele.

Bei mir geht das normalerweise so:

Ich wache auf, stehe auf, rolle meine Yogamatte aus, hole mein Handy aus dem Arbeitszimmer (nachts habe ich keine Technik in meinem Zimmer – du siehst, der Wille ist da!). Aber statt auf eine Playlist für meine morgendlichen Atem- und Bewegungsübungen zu klicken (vorbildlich, nicht wahr?), öffne ich meine E-Mails.

Ich habe noch kaum meine Augen geöffnet und schon gibt es eine Reihe von Problemen, um die ich mich kümmern muss. Ich gehe in den Reaktionsmodus (kämpfe oder fliehe) und bin sofort überwältigt. Erst von einer bestimmten Sache (etwas, das in einer Mail stand) und dann überwältigt mich irgendwie *alles*. (Unser Nervensystem hat ein begrenztes Fenster, innerhalb dessen es Intensität tolerieren kann – gut oder schlecht – und weil ich nicht ausreichend in meinem Körper verankert bin, überflutet der Schock mein System und sorgt für Überschwemmung.)

Also haue ich eine beschissene, reaktionäre Mail raus (eine defensive, egobasierte Reaktion), kippe die Morgenübungen komplett, stelle den Fernseher an und trinke einen Kaffee. Ich tue so, als wäre ich okay. Ich setze meine »Ich hab das im Griff«-Maske auf.

Außer dass ich es nicht im Griff habe. Überhaupt nicht.

Der Rest des Tages wird chaotisch (ein absolutes Understatement). Der Tag wird zur Woche. Das Leben wird dunkel. Richtig dunkel. All die Bewältigungsstrategien, Rituale und Techniken, die ich mir vorher zurechtgelegt hatte, um »weiterzumachen und mich gut zu schlagen«, versagen.

Ich sage gemeine und verletzende Sachen zu mir selbst.

Ich werde ängstlich, bitter und zynisch gegenüber der Welt.

Ich esse. Viel. Ich betäube mich.

Für viele von uns sind die oben beschriebenen Verhaltensweisen so oder ähnlich eine gelebte Realität. Du tust, was du tun musst, um »über die Runden zu kommen«. Du reagierst auf Probleme und bist die Feuerwehr. Du denkst und überdenkst jede Situation bis zur Erschöpfung. Du versuchst alles zusammenzuhalten, sodass du deinen Job behalten und die Rechnungen bezahlen kannst, sodass du erfolgreich zu sein scheinst und auf Social Media glänzt (oder aus einem anderen der Millionen Gründe, die dich im Hamsterrad halten). Und anschließend fühlst du dich verdammt ungenügend, stresst deine Nebennieren und kriegst einen Burn-out, einfach weil du es nicht mehr schaffst, alles zusammenzuhalten.

Aufgrund meiner Arbeit gelingt es mir, mitzubekommen, wann und wieso es mir passiert. Manchmal brauche ich eine Stunde, manchmal Wochen oder sogar Monate, aber zum Glück kriege ich es irgendwann mit. Aber, und das ist wichtig, es passiert mir trotzdem. Wegen der gesellschaftlichen Hypnose. Sie ist stark. Und deswegen ist jetzt meine erste und nicht verhandelbare Aktion jeden Tag, mir durch Atemübungen und Berührungen Zeit für die Kontaktaufnahme zu mir selbst zu nehmen. Es ist zugleich ein Akt von Widerstand und von Selbstfürsorge. In diesen Momenten dehne ich vorsichtig mein Nervensystem und versorge es mit neuen Ressourcen, sodass es mehr zu ertragen lernt. Auf diese Art und Weise gehe ich an jedes Gespräch, jede Interaktion (jede womöglich beschissene E-Mail) geerdeter heran, mit einem größeren Bewusstsein für mich selbst, meinen Körper und seine Weisheit. Dadurch verhalte ich mich weniger reaktionär und defensiv und bin potenziell

BE.
HERE.
NOW.

**IN DEINEM KÖRPER.
IM MOMENT.**

fähig, klügere Entscheidungen zu treffen. Ich sage potenziell, weil ich es immer noch schaffe, es zu vermasseln. Ich treffe immer noch schlechte Entscheidungen, aber nicht mehr so oft. Es ist eine Übungssache, eine reine Übungssache.

In einer Gesellschaft, die uns immer in Aktion und Bewegung sehen möchte, ist das Konzept des L-a-a-a-a-a-n-g-s-a-m-e-r-Werdens und Sich-Ausruhens – wirklich ausruhen, nicht auf dem Handy rumscrollen und E-Mails vom Bett aus beantworten – ein mutiger Akt. Wenn du langsamer wirst, dann bist du in der Lage, mitzubekommen, wie du dich *fühlst*.

Wenn du die Verbindung zu deinem Körper und seinen Gefühlen und Sinneseindrücken wieder aufnimmst, bist du in der Lage zu spüren, wie es dir geht. Jetzt. Im. Moment.

Es ist eine Übung, die wir für und mit uns machen können und die uns die Fähigkeit gibt, bei mehr von dem, was wir erleben, wirklich präsent zu sein.

Mehr Freude.
Mehr Genuss.
Mehr Liebe.
Mehr Sinnlichkeit.
Mehr Leidenschaft.
Mehr Kreativität.

Ich lade dich ein, jetzt und hier eine Pause zu machen und zu atmen.

―――

ANMERKUNG: Viele Wellness- und Körper-Übungen ermutigen uns dazu, tief einzuatmen und das eigene Atmen zu beobachten. Für die meisten von uns kann das Runterkommen und tiefe Atmen zu sofortiger Selbstberuhigung führen. Andere können sich dabei unwohl fühlen und es kann Angst im Körper auslösen.

Wenn du dich zum Beispiel überwältigt fühlst, beruhigt es das Nervensystem, wenn du beim Einatmen durch die Nase bis vier und beim langsamen Wieder-Ausatmen bis acht zählst. Wenn du dich niedergeschlagen oder depressiv fühlst, ist vielleicht ein aktiveres Atmen etwas für dich. Falls jede Art von fokussiertem Atmen ein Problem für dich ist, spür einfach der Luft auf deiner Oberlippe nach, während du in deinem Tempo ein- und ausatmest.

EINLADUNG: WERDE L-A-N-G-S-A-M UND SPÜRE

Schau dich um. Orientiere dich in dem Raum, in dem du bist. Wo ist die Tür? Welche Farbe haben die Wände? Sich mit seiner Umgebung vertraut zu machen schafft ein Gefühl von Sicherheit. Halte die Augen offen und, wenn es sich gut anfühlt, atme durch die Nase ein und aus. Lass die Zunge bequem hinter den Zähnen ausruhen. Erzwinge nichts. Ich lege immer gern eine Hand auf mein Herz und die andere auf die Gegend der Gebärmutter. Die Berührung beruhigt und unterstützt.

―――

Was bemerkst du an deinem Körper? Gibt es eine Stelle, die sich fest anfühlt? Klebrig? Fühlt sich etwas weich an?

Lege noch mal eine Hand auf dein Herz und atme ein paar weitere Male tief ein und aus.

Fühlt es sich irgendwo heiß oder kalt an?

Du musst nichts tun: Du stellst einfach nur fest und ehrst, wie dein Körper jetzt gerade ist.

Gib dir selbst gute fünf bis zehn Minuten, um alles zu bemerken, was es zu bemerken gibt.

Falls es hilft, könntest du die einzelnen Gefühle benennen. *»Hm, links neben meinem Bauchnabel fühlt es sich sprudelig an.«* Du könntest nachspüren, ob das Gefühl eine Farbe hat. *»Es ist irgendwie orange.«*

Ich empfehle, diese Übung zu machen, wenn du aufwachst (ich mache sie noch im Bett – damit ich KEINE Ausreden habe). Dann, wenn es irgendwie geht, selbst wenn es nur für ein oder zwei Minuten am Tag ist, mach ein paar bewusste Atemzüge und nimm Kontakt zu deinem Körper auf.

Dies ist eine Kenne-dich-im-Jetzt-Übung. Je häufiger du das machst, desto vertrauter wird es, dich zu beobachten und dein Empfinden zu benennen.

Wenn du deinen Zustand benennen kannst, lernst du dich selbst besser kennen. Und dann wird dein Körper für dich ein viel sichererer Ort.

DEIN KÖRPER ALS EIN »SICHERER HAFEN«

Sicherheit kommt von täglicher Verbindung zu dir selbst.

Nach dem Atem- und Spür-Ritual mache ich kurz Berührungs- und Bewegungsübungen. Nichts Großes oder Kompliziertes, denn sonst machen wir es nicht. Und das Letzte, was wir wollen, ist, dass unser Morgenritual zu einer weiteren Sache wird, die wir uns vornehmen und dann nicht tun. Um uns in unserem Körper sicher zu fühlen, brauchen wir super machbare Mikrorituale, die unsere tägliche Verbindung und unser Vertrauen stärken. Ich sage mir drei Mal »Ich bin liebenswert und werde geliebt«, stelle eine Feel-good-Playlist auf Shuffle und strecke meinen Körper. Manchmal singe ich dabei mit, manchmal nicht. Manchmal schüttele ich mich – ein gutes Ausschütteln macht den Körper so richtig wach. Manchmal klopfe ich mich am ganzen Körper ab. Egal, wie, ich bewege immer meinen Körper, und besonders meine Hüften, mindestens drei Lieder lang. Und dann? Dann sitze ich still und ruhig und erlaube mir fünf Minuten lang präsent und neugierig zu sein. Auf all das, was ich fühle und spüre.

Welches kleine tägliche Ritual könntest du dir zulegen, um für Verbindung und Vertrauen zu deinem Körper zu sorgen?

Wenn du dich in deinem Körper sicher fühlst:

— kommst du aus einem Zustand des Reagierens und Überlebens in einen gelassenen »Zustand der Ruhe und des Verdauens«. Du atmest tiefer, dein Körper fühlt sich weniger verspannt und du bewegst dich mit größerer Leichtigkeit.

— hörst du auf, außerhalb von dir selbst nach Antworten zu suchen, und hörst stattdessen auf den Rat und Rhythmus deines Körpers.

— schaffst du es, Gefühle wie Scham, Schuld, Angst und Erniedrigung (Konditionierungen, die tiefe Furchen in der Seele so vieler Frauen hinterlassen) zu erkennen und aufzulösen, wenn du dich traust, präsent zu bleiben. So schaffst du es, *alle* Teile von dir zu fühlen, zu akzeptieren und zu heilen.

ICH BIN SICHER UND MEIN KÖRPER UNTERSTÜTZT MICH

Fühlst du dich in deinem Körper sicher, kannst du anfangen, neugierig zu werden.

Du kannst beginnen, deinem Körper Fragen zu stellen und zuzuhören, und noch wichtiger: seinen Antworten zu vertrauen. Durch sie kannst du wichtige Einsichten darüber erlangen, wer du bist und was du *wirklich* brauchst. Zu verstehen, wie unser Körper spricht, ist der Weg, um unseren eigenen Wert zu begreifen und wertzuschätzen.

Und das? Das ist ziemlich revolutionär.

BODY TALK

Wenn du es zulässt, kann die Sprache deines Körpers ein super intelligentes, intuitives eingebautes Leitsystem sein. (Was in Zeiten von so viel Unsicherheit und Chaos in der Welt wirklich verdammt notwendig ist.)

Wenn du einschalten und zuhören kannst, was dein Körper zu sagen hat und wie er es sagt, dann kannst du dein Nervensystem beruhigen, es schonend dehnen und seine Fähigkeit stärken, mehr zu fühlen und zu erleben. Was wir tun wollen, ist, uns langsam und mit viel Mitgefühl mit den Gefühlen und der Weisheit unseres Körpers zu verbinden, sodass wann immer du dich wacklig, ängstlich oder herausgefordert fühlst oder Ungewissheit erlebst, du dich selbst regulieren und Sicherheit in deinem Körper finden kannst.

DEIN KÖRPER WEISS BESCHEID. HÖR AUF IHN.

EINLADUNG ZUM HALTEN UND UMARMEN

Wenn wir gehalten werden, fühlen wir uns sicher. Daher möchte ich dich einladen, das Wissen, dass du dich auf dich verlassen kannst, zu trainieren, indem du dich selber regelmäßig hältst und umarmst.

Kreuze deine Arme vor der Brust und umarme dich selbst. Atme tief ein und drücke dich selbst so lange, wie es geht.

Sage dir selbst: »Ich hab dich.«

Wenn du zu dieser Übung eine wissenschaftliche Erklärung brauchst: Sich selbst fest zu umarmen setzt Glückshormone frei (Oxytocin, Serotonin und Endorphine), die dich mit guten Vibes versorgen. Aber ehrlich gesagt, es fühlt sich auch einfach verdammt gut an – und wir sollten mehr von den Dingen tun, die dafür sorgen, dass es uns gut geht.

ICH ZU MIR SELBST: ICH HAB DICH.

Viele von uns, die wir uns von unserem Körper abgekoppelt haben, geben unserem Kopf, beziehungsweise der Art, wie wir denken, die Erlaubnis, unsere ganze Lebensshow zu organisieren. Ich weiß nicht, wie das bei dir ist, aber meine Fähigkeit, Sachen zu überdenken, ist ein Extremsport und absolut ERSCHÖPFEND. Viele der Entscheidungen, die wir täglich treffen, sind automatische Reaktionen auf das, was wir unser Leben lang gelernt haben: was *angeblich* gut oder schlecht, richtig oder falsch ist. Diese Entscheidungen werden von dem Teil unseres Gehirns getroffen, das von unseren Lebensentscheidungen konditioniert wurde, von unseren Denksystemen und den Glaubenssätzen, die wir über die Welt haben, in der wir leben.

Deine Kraft ist am stärksten, wenn all deine Teile anwesend sind, online und unter Zeugen. Wenn Körper und Geist zusammenarbeiten und du vollen Zugang zu deinen emotionalen, intuitiven, spirituellen und energetischen Bahnen hast, dann bist du stark, anwesend, ganz und in deinem Körper.

Hier hast du die Möglichkeit, bessere Entscheidungen zu treffen. Du kannst starke Grenzen setzen. Du fühlst dich weniger schnell überwältigt, wenn du Herausforderungen und schwierige Gefühle erlebst. Du kannst, was ist, annehmen und wertschätzen und du kannst von einem sicheren Ort aus kreativ auf die Herausforderungen des Lebens reagieren.

DU BIST STARK, ANWESEND UND GANZ.

Die Wahl, anwesend zu bleiben, verbunden und IN deinem Körper, ist eine lebenslange Übung, sich zu erinnern. Es gibt keinen »Hex hex, Probleme schnell mal weg«-Reparaturprozess. Wir sind Menschen, alle mit unseren einzigartigen Lebenserfahrungen und Umständen, deswegen ist die Aufmerksamkeit für die Antworten des eigenen Körpers so kraftvoll. Nur so schaffst du eine Vertrauensbeziehung zu dir selbst. Wenn du deinem Körper vertraust, kannst du anwesend bleiben. Wenn du anwesend bleibst, kannst du beginnen, dich selbst anders wahrzunehmen. Sich selbst zu mögen – oder sogar zu lieben – wird möglich. Du kannst anfangen, die Kraft deiner eigenen Präsenz wertzuschätzen.

ANMERKUNG: Vielleicht spürst du Widerstand und denkst: »Macht die Witze? Ich kann doch nicht die ganze Zeit meinem Körper vertrauen.« Das sind die Worte deines »konditionierten Kopfes«, der in binären und polarisierenden Kategorien von gut-oder-schlecht, richtig-oder-falsch denkt. Die Wahrheit ist, zumindest nach meiner Erfahrung, dass, wenn du deinen Körper reden lässt und die Entscheidung triffst, zumindest bisweilen auf ihn zu hören, du Zugang erhältst zu vielen weiteren Informationen: der inneren Weisheit deines Körpers, basierend auf deinem Wissen und deiner Intuition.

Also, das richtig gute Zeug.

2: SPÜRE DEINE GEFÜHLE
FÜHLE, ENTHÜLLE UND HEILE

Auf seinen Körper zu hören – und ihm zu vertrauen – wird viel einfacher, wenn du dir erlaubst, das breite und sich stets ändernde Spektrum deiner täglichen Gefühle zu erleben und auszudrücken.

Wie du das machst?

Indem du den Mut hast, präsent zu sein und deine Gefühle wahrzunehmen.

DIE ANGST ZU FÜHLEN

Viele Leuten machen bei der Vorstellung, ihre *Gefühle zu fühlen*, sofort dicht. Ich werde oft gefragt: »Was, wenn es zu schmerzhaft ist, zu fühlen?«

Ehrlich jetzt?

Kann schon sein, dass es schmerzhaft ist.

Die meisten von uns sind seit frühester Kindheit darauf konditioniert, ihre Gefühle *nicht* zu fühlen. Wir haben gelernt, dass Schmerz *nicht* okay ist. Der Zugang zu unserer weiblichen Erfahrung wurde uns verweigert. (Wenn ich vom Weiblichen spreche, meine ich eine tiefe empfangende Energie, die in uns allen steckt, unabhängig vom Geschlecht.) Doch diese weibliche Erfahrung umfasst die Kraft der Natur – der Natur unserer Körper, von Rhythmus und Zyklen, der Natur des Mondes und des Kosmos –, und es ist diese Kraft, die uns Zugang gewährt zu all den tiefgründigen Nachrichten, Codes und Werkzeugen, die wir brauchen, um unsere Gefühle zu verstehen und zu verarbeiten.

Als Ergebnis dieser gesellschaftlichen Konditionierung haben wir einige ziemlich intelligente Arten gelernt, *nicht* zu fühlen.

Sehr oft, wenn uns die Gefühle zu viel werden, nutzen wir Kontrollmechanismen, um uns vor Schmerz zu schützen. Wir machen das auf viele, viele verschiedene Arten:

- Wir bleiben in unserem Kopf statt in unserem Körper. Denn dann müssen wir unsere Gefühle nicht wahrnehmen und haben *vermeintlich* die Kontrolle.

- Wir verurteilen, kritisieren oder schämen uns für das, was wir fühlen.

- Wir entwickeln Suchtverhalten – von Drogenkonsum zu süchtigem Verhalten –, um uns zu betäuben.

- Wir übergeben unsere Gefühle an jemand anderen, weil wir uns nicht mit ihnen auseinandersetzen wollen oder können.

Unsere Arbeit besteht darin – und ja, du ahnst es, es ist eine Lebensaufgabe –, diese Konditionierungen aufzulösen und unsere

Gefühle mit VIEL Liebe offenzulegen und willkommen zu heißen, sie zu fühlen und ihnen zu erlauben, da zu sein.

Und zwar *genau so*, wie sie sind.

Wie?

Na ja, es gibt etliche Möglichkeiten – aber die Methode meiner Wahl ist Bewegung.

BEWEG DICH, UM ZU FÜHLEN

Dein Körper ist *gemacht*, um sich zu bewegen: Es ist angeboren, in unserer Natur, es ist notwendig.

Deswegen bewege ich meinen Körper jeden Morgen.
Deswegen tanze ich, während ich den Abwasch mache.
Deswegen kreise ich meine Schultern, bewege meine Brüste und stampfe mit den Füßen, wann immer ich einen Schlagzeugrhythmus höre.

Ich unterrichte Yoga, somatische Bewegung und Sei-in-deinem-Körper-zu-Hause-Kurse – meine eigene Zusammenstellung wohltuender Bewegungen, speziell darauf abgestimmt, im Einklang mit der rhythmischen Intelligenz deines Körpers zu arbeiten. Aber du brauchst keine offizielle Anleitung, um deinen Körper zu bewegen. Er ist dafür gemacht! Besonders Frauen sind gebaut, um zu tanzen, sich zu schütteln und rhythmisch zu bewegen – das ist neurowissenschaftlich bewiesen – und wenn wir es tun, wenn wir tanzen und unsere Körper bewegen, dann ist das Medizin.

Meine Lieblingsart der Bewegung passiert, wenn ich eine Playlist zusammenstelle – ich sehe Playlists als eine Kunstform und sie zusammenzustellen ist eine meiner Superkräfte. Wenn ich auf Play drücke und was auch immer ich fühle durch mich durchfließen lasse und mich dazu bewege. Machst du Musik an, schaffst du einen Möglichkeitsraum für deinen Körper, um sich zu bewegen und zu f-ü-ü-ü-ü-h-l-e-n.

Zum Beispiel, wenn es eine super fröhliche und stimmungsmachende Playlist ist und ich mich angefressen fühle, lasse ich den Klang und Rhythmus durch meinen Körper fließen. Ich schaffe einen Raum für mich, um zu spüren, was mich eigentlich so anfrisst. Wenn ich Wut, Ärger, Freude, Überwältigung oder ein anderes der unzähligen Gefühle auf dem Gefühlsspektrum spüre, dann bewege

ich meinen Körper auf eine Art, die sich echt, unterstützend, und – am wichtigsten – verdammt gut anfühlt. Ich mache das nicht, um aus meinen Gefühlen »raus« zu kommen, sondern der Akt der Bewegung hilft mir, sie offenzulegen, bei ihnen zu sein und, was am allerwichtigsten ist, sie zu fühlen.

DIE EMOTIONALE ENTHÜLLUNG

Hab keine Angst davor, dass der Prozess, deine Gefühle zu fühlen, ein Chaos wird: Es *ist* chaotisch. Und es verläuft definitiv *nicht* linear. Absolut überhaupt nicht.

Quer durch die Geschichte ist uns gesagt worden, dass, wenn wir es wagen, unsere Gefühle zu zeigen – ob gut oder schlecht –, wir »verrückt«, »maßlos« oder »hysterisch« sind. Also haben wir gelernt, sie zu betäuben, sie runterzudrücken, damit sie nicht »überlaufen«, damit »wir keine Szene machen« oder als »too much« angesehen werden.

Das ist der Grund, wieso viele von uns so austauschbare Masken tragen: Versionen von uns, die als »akzeptabel« angesehen werden, gemacht aus übereinandergepackten Schichten von Gedanken, Meinungen und Beurteilungen von anderen darüber, wer wir sein *sollten* und wie wir uns verhalten *sollten*.

Es ist auch der Grund, wieso so viele von uns, wenn man uns dann bittet, unsere Gefühle auszudrücken, nicht wissen, wo sie anfangen sollen. Wir sind so gut darin geworden, eine Rolle zu spielen, die Labels zu akzeptieren, die uns von anderen zugeschrieben wurden, dass wir nicht mehr erkennen, was echt ist. (Oder, falls wir es doch tun, sind wir zu ängstlich, als die gesehen zu werden, die wir unter all dem wirklich sind.)

Also ja, es wird auf jeden Fall chaotisch – aber betrachte die emotionale Enthüllung als eine Möglichkeit zu heilen.

EINLADUNG: ERFORSCHE DEINE GEFÜHLE

Benutze Klang und Bewegung, um deine Gefühle zu enthüllen und zu benennen. Dieser Prozess wird dich dabei unterstützen, die enthüllten Gefühle zu erforschen, ohne direkt in alte Muster zu verfallen.

Lege eine Hand auf dein Herz. Deine Fußsohlen sollten festen Kontakt zum Boden haben. Falls du stehst, geh leicht in die Knie, damit sie nicht durchgestreckt sind.

Atme und sei still.

Lass jedes Gefühl oder jeden Sinneseindruck zu und erkenne, wo es sich in deinem Körper befindet. Ist es in deinem Bauch? Deinem linken Bein? Deinem rechten Ellbogen?

Kannst du es benennen? Ist es Enttäuschung? Ressentiment? Sorge? Aufregung?

Wenn du deinen ganzen Körper auf anwesende Gefühle hin gescannt hast, drücke auf die Shuffle-Funktion deiner Lieblings-Playlist.

Welcher Song auch immer als erster spielt, mache ihn zu einem Orakel. Lass die Klänge und Wörter in die Stellen deines Körpers gehen, in denen du Emotionen bemerkt und benannt hast. Erlaube deinem Körper, sich für die Dauer dieses Songs zu bewegen und zu tanzen. Während du das machst, höre auf alle Nachrichten, die du von deinem Körper empfängst.

Mein Leben war früher ziemlich schnelllebig. Ich habe Überstunden geschoben, während ich mein stets präsentes Gefühl, nicht gut genug zu sein, mein Hochstapler-Syndrom, meine permanent unterschwellige Angst und meinen Ärger zu »managen« (zu Deutsch: aktiv unterdrücken) hatte.

Ich fand Essen ganz hilfreich, um den Krach in mir zu stillen. Ja zu sagen sorgte dafür, dass die Leute mich mochten (Genau, ich bin eine genesende Es-allen-recht-Macherin), und Überstunden zu machen »bewies«, dass ich das Label »gut genug« verdiente.

Das hat funktioniert. Nun … so lange, bis es dann nicht mehr funktioniert hat.

Unsere Körper sprechen immer zu uns, aber wenn wir sie kontinuierlich ignorieren, kann die Sache irgendwann toxisch werden. Und der Schmerz, den wir so stark zu vermeiden suchen? Der zeigt sich dann. Und zwar heftig.

Meine Vermeidungsstrategie und der unterdrückte Schmerz stellten sich nach jahrelangen Fehldiagnosen als Polyzystisches Ovarialsyndrom (PCOS) und Endometriose heraus. Ich hatte meine Gefühle von Unzulänglichkeit und Ärger so tief nach unten gedrückt, dass sie als körperlicher Schmerz und Krankheit in meinem reproduktiven System auftauchten. Meine Geschichte ist gar nicht unüblich. Viele der Frauen, die heute meine Klientinnen sind, kämpfen mit Gesundheitsproblemen im Bereich des reproduktiven Systems – und 98 Prozent von ihnen sind Frauen, die an einem männer-dominierten Arbeitsplatz überperformt haben, um sich als gut genug zu beweisen.

Ich erzähle das hier, weil es ziemlich kritisch wurde. Ich war so damit beschäftigt, eine Version von mir selbst zu werden, die von der Außenwelt als »erfolgreich« und »liebenswürdig« angesehen würde, dass ich mich völlig von meiner inneren Landschaft abgekoppelt hatte – meinem Körper und meinen Gefühlen –, und ich hatte keine Vorstellung mehr davon, wer ich eigentlich wirklich war.

Ich war 26, und also kündigte ich meinen Job und machte mich auf in ein Abenteuer. Inzwischen ist es zu meinem lebenslangen Abenteuer geworden, die Beziehung zu meinem Körper, meiner Kraft, meiner Lust und Leidenschaft zu erforschen, zu navigieren und zu heilen. Ich unterstütze und leite andere Frauen an, die sich ebenfalls auf die Reise der Selbsterkundung und Entdeckung gemacht haben.

Für mich waren das PCOS und die Endometriose ein massiver Tritt in die Vagina und die Eierstöcke. Es war die ziemlich schmerzhafte Art meines Körpers, mich aufzuwecken und meine Aufmerksamkeit zu bekommen, mich daran zu erinnern, wer ich war, *bevor* ich gesagt bekam, wer ich sein sollte.

Es war ein Ruf, nach Hause zu kommen.

Zu meiner wahren Natur.

Mutter Natur.

ZURÜCK ZUR NATUR – UND DEINER WAHREN NATUR

Mutter Natur lässt *alles* sich entfalten.

Sie weiß Bescheid.

Wenn wir uns mit Mutter Natur verbinden, nehmen wir die Verbindung zu unserer Quelle wieder auf. Der uns innewohnenden weiblichen Kraft: der Kraft, zu sehen, zu fühlen, zu halten und *alles*, was ist, zu erleben; der Kraft, zu wissen, dass wir mit dem Sturm klarkommen können (und dass wir in manchen Fällen der Sturm *sind*); und der Kraft, zu wissen, dass alles eine Zeit hat: eine Zeit der Ebbe, eine Zeit der Flut, eine Zeit, aktiv zu sein, eine Zeit, sich auszuruhen.

Das ist Flow.

Es ist kein Wunder, dass wir so viel Stress und toxisches Verhalten erleben und erleiden. Unsere Energien – physisch, mental, emotional, spirituell und kreativ – sind in Systeme gepresst worden, die männlich, zielorientiert und linear sind und einfach nicht dem natürlichen Flow des Femininen entsprechen.

Doch wenn wir zur Natur zurückkehren, wenn wir Natur beobachten, erinnern wir uns.

Die Antwort, egal, wie die Frage lautet, ist *immer* Natur.

Sie ist die Quelle: Sie ist die großartige, alles ernährende Mutter.

Verbinde dich mit der Natur

Also, du brauchst mich dafür nicht, um dir zu sagen, wie du das tun sollst – jede hat ihre ganz eigenen Wege, eine Verbindung zur Natur aufzunehmen –, aber hier sind einige meiner Lieblingswege, sich mit Mutter Natur zu verbinden.

— Fahr ans Meer – Salzwasser heilt *alles*.

— Hör den Vögeln beim Singen zu – selbst in urbanen Gegenden kannst du Vogelgesang hören. Und ja, das Kreischen einer hungrigen Seemöwe zählt.

— Pflanze Kräuter im Garten oder auf dem Fensterbrett – grab deine Hände in die Erde und pflanze erst mal Rosmarin und Salbei. Dann schneide liebevoll etwas ab und nutze es in Ritualen, bei Bädern und im Essen.

— Nimm Bäder. Ich bin süchtig nach Bädern, bewussten Bädern. Kristall-, Kräuter- und mit Salz versetzte Bäder. Bäder am Tag. Bäder am Abend. ALLE. MÖGLICHEN. BÄDER.

— Folge den Mondphasen – nimm Mondbäder und sauge seine Magie im Schein des Vollmondes auf; formuliere Absichten und schaffe Visionen für deine Zukunft zu Beginn des neuen Mondes.

Unsere zyklische Natur

Falls du einen Menstruationszyklus erlebst, kann das der *tiefgründigste* Weg sein, sich wieder mit deinem Körper zu verbinden und den Flow von Mutter Natur jeden Monat als eine emotionale Erfahrung zu erleben. Für mich ist das der Fall.

Der Menstruationszyklus ist *viel* mehr als nur ein biologischer Prozess; es ist ein Zyklus sich stets verändernder spiritueller, emotionaler und kreativer Energie. Wenn du bewusst den ganzen Zyklus wahrnimmst (und nicht nur die Tage, an denen du blutest), wirst du feststellen, dass du das Leben durch die Linse der Zyklusphase, in der du dich gerade befindest, wahrnimmst. Die Art, wie du siehst, fühlst und die Welt betrachtest, wird sich von Woche zu Woche ändern.

Ganz genau. In jeder Phase deines Menstruationszyklus tauchst du anders im Leben auf. Wie ich während meiner Ovulationsphase denke und fühle, unterscheidet sich *sehr* von meinem Denken und Fühlen in der Menstruationsphase. Wenn du das grafisch darstellst, kannst du nachverfolgen, wann du dich wie fühlst. Diese Information hilft dir nicht nur, dein Leben entsprechend zu organisieren (absolut bahnbrechend); wichtiger noch, es hilft dir zu verstehen, dass du *nicht* konsistent bist. Du bist sogar konsequent *nicht* konsistent. Und das ist in Ordnung so: Konsistenz ist eine Illusion. Und weißt du was? Du bist auch nicht verrückt. Du bist nur einfach schon viel zu lang in eine Schublade gesteckt und aufgefordert worden, innerhalb restriktiver, linearer Grenzen zu performen.

Du bist eine Frau, du hast einen zyklischen Rhythmus – und das ist *keine* schlechte Sache.

Damit du es weißt, es ist sogar eine verdammt großartige Sache.

Ich erkläre und teile diese Weisheit ausführlicher und in mehr Tiefe in meinen Büchern *Code Red* und *Love Your Lady Landscape*, weil zyklische Intelligenz erhellend ist, uns zu erinnern, dass wir ein eingebautes System haben, das uns hilft, unsere Gefühle jeden Monat zu fühlen, offenzulegen und zu heilen. Die gute Nachricht ist, dass du keinen Menstruationszyklus brauchst, um dich mit der zyklischen Natur der, na ja, Natur zu verbinden. Der Menstruationszyklus spiegelt sich in den Phasen des Frauseins, den Zyklen des Mondes und den Jahreszeiten von Mutter Natur. Wir können mit jedem – oder allen – arbeiten, um zu unserer wahren Natur zu kommen und unsere Gefühle zu erforschen.

EINLADUNG: SIE-LANDSCHAFT

Du besitzt zyklische Intelligenz, die dir hilft, Sinn zu finden, was auch immer gerade passiert und was du fühlst – persönlich und auf die Gemeinschaft bezogen. Jeden Tag kannst du deine »Sie-Landschaft« verfolgen – die tägliche Landschaft von *dir*. Du bekommst eine personalisierte Vorhersage aus deinem Körper für den kommenden Tag.

Um deine Sie-Landschaft zu erkunden, atme tief ein, lege eine Hand auf dein Herz und frage dich:

- Wie fühlst du dich?
- Wo sind deine Gefühle?
- Falls du einen Menstruationszyklus hast, an welchem Tag des Zyklus befindest du dich? Zu wissen, in welcher Phase du bist, kann dir dabei helfen zu verstehen, wieso du dich auf eine bestimmte Art fühlst. Ich bin zum Beispiel bei Tag 25 in meiner prä-menstruellen Phase oft ziemlich wütend. Beobachtest du ein paar Monate lang deinen Zyklus, fängst du an, Muster zu erkennen. (Mehr dazu findest du auf meiner Website: www.thesassyshe.com)
- In welcher Phase befindet sich der Mond?
- In welchem astrologischen Zeichen befindet sich der Mond? (Apps wie iLuna teilen dir mit, wenn der Mond in eine neue Phase tritt und in welchem Zeichen er steht – dies ändert sich alle 2,5 Tage und kann großen Einfluss auf Stimmungen und Gefühle haben.)[2]
- Welche Jahreszeit ist es?

Nutze die Tabelle auf der nächsten Seite, um Verbindungen zwischen deinen Gefühlen und den Jahreszeiten, den Mondphasen und deinem eigenen Zyklus zu entdecken. Wenn du so deine zyklische Intelligenz nachvollziehst, kann das zu einer Vertrauensbeziehung mit deiner inneren Landkarte führen. Es kann dir helfen, Sinn in deine Erfahrungen zu bringen, zu entdecken, dass sich alles immer ändert, was dir hoffentlich hilft, dich selbst besser zu verstehen und im Prozess ein bisschen verständnisvoller mit dir zu sein.

---

[2] Wenn du möchtest, wende dich dem weiteren Kosmos zu und schau, wo sich die anderen Planeten befinden. Ich bin ein Astro-Nerd und teile in meiner Online-Community, dem »SHE Power Collective«, wie das »da oben« unser »hier unten« beeinflusst. Willst du das selbst entdecken, nutze Apps wie Time Passages oder Astro Gold.

Jahreszeit	**FRÜHLING**	**SOMMER**	**HERBST**	**WINTER**
Phasen des Frau-Seins	Unbekümmertes Mädchen – neugierig und sinnlich	Mama Creatrix – kreativ und fruchtbar	Weise Wilde – ungezähmt und ohne Filter	Allwissende Krone – kümmert sich nicht um gesellschaftliche Erwartungen
Mondphasen	Zunehmend	Voll	Abnehmend	Dunkel
Phasen des Menstruationszyklus	Vor dem Eisprung	Eisprung	Prämenstruell	Menstruation
Handlungen	Wachstum – pflanzt neue Samen und pflegt sie Neugier – offen für neue Erfahrungen	Schaffenskraft und Manifestation – Verwandelt Träume und Ideen in Realität	Enthüllung – Sieht alles, so wie es wirklich ist Entfernung von Schuppen – loslassen	Tod und Wiedergeburt – Aufgeben und neue Anfänge Traumzeit – Visionen
Gefühle	Optimistisch Gewagt Als ob alles möglich wäre	Selbstsicher Positiv Zuversichtlich	Scharfe Zunge Kein Bullshit Kritisch Scharfsichtig Bad Bitch	Weich Träumerisch Besinnlich

MACH ES DIR BEQUEM MIT DEM UNBEQUEMEN

Deine Gefühle zu fühlen kann – Ha! Wen versuche ich hier für dumm zu verkaufen? – *wird* bedeuten, dass du dich mit dem Unangenehmen anfreunden musst. Aber zu verstehen, dass dich der Schmerz tatsächlich nicht auffressen wird (egal, wie sehr es sich danach anfühlen mag), wird dir helfen, dir deiner jetzigen Erfahrung gegenwärtig zu werden. Gleichzeitig ist es wichtig, sich zu erinnern, dass sich deine Gefühle und deine jetzige Erfahrung jederzeit ändern können – und zweifelsohne werden – und dass du dich damit ebenfalls anfreunden musst.

Deine Gefühle werden stärker, wenn du:

- ihnen Widerstand leistest
- sie vermeidest
- sie beurteilst
- sie ignorierst
- sie kritisierst
- sie leugnest

Deine Gefühle werden »fühl- und verstehbarer«, wenn du:

- neugierig auf sie bist
- ihnen erlaubst, da zu sein
- sie dort triffst, wo sie in deinem Körper sind
- sie anerkennst und benennst

Wenn wir unsere Gefühle spüren, lernen wir, dass wir sie tolerieren können, selbst die schwierigen. Dies erlaubt uns, innere Stärke, Entschlossenheit und Widerstandsfähigkeit aufzubauen, während die Gefühle durch uns hindurchgehen, statt in uns stecken zu bleiben.

Natürlich braucht all das Übung; Übung ist alles. Nimm dir Zeit, fang noch mal neu an, wann immer du das brauchst, und denk nicht, dass du es (was immer »es« ist) alleine fühlen musst. Du *darfst* um Hilfe und Unterstützung bitten – und ehrlich gesagt, möchte ich dich dazu ermutigen, genau das zu tun. Eine ausgebildete Therapeutin, ein Coach, jemand, der somatische Körperarbeit macht, kann dich unterstützen, anleiten und dir helfen, einen sicheren Ort für dich zu schaffen, an dem du deine Gefühle fühlen und erleben kannst.

ANMERKUNG: Ich weiß, dass ich bislang nur über die schmerzhaften und unangenehmen Gefühle gesprochen habe, weil sie normalerweise diejenigen sind, die unterdrückt und ignoriert und schließlich toxisch werden. Aber es ist mir auch bewusst, dass es für viele von uns ebenfalls schwierig sein kann, die guten Gefühle zu fühlen – Freude, Glück, Möglichkeiten. Keine Sorge: I've got you. Wir schauen uns die guten Gefühle in Kapitel 5 an, wenn wir unsere Quelle finden.

3: FLIP THE SCRIPT
ERZÄHLE DEINE GESCHICHTE NEU

Jeden Moment, jeden Tag laufen die vielen Geschichten, die wir uns über uns selbst erzählen – und für wahr halten –, in Dauerschleife. Diese Geschichten setzen sich aus den Glaubenssätzen, den Erwartungen und Projektionen anderer zusammen. Geschichten werden durch die Generationen weitergegeben, Geschichten, die wir erzählt bekommen oder ausgeliehen haben von dem Ort, an dem wir aufgewachsen sind, oder die uns von unserer Kultur und der Gesellschaft, in der wir leben, vehement nahegebracht worden sind.

Professor Jerome Bruner, ein Harvard-Psychologe, bezeichnet das als »narrativen Diskurs«. Ein Prozess, bei dem wir unsere Werte durch Input von außen beziehen. Unsere Gehirne sind so konstruiert, aus Geschichten zu lernen. Sie sagen uns, wer wir sind und wie wir in unsere Familie und unsere Freundesgruppen, unsere Kultur und Gesellschaft passen. Wir nehmen diese Geschichten und wir leben sie aus. Mit jedem Moment, in dem wir sie leben, erzählen wir sie wieder und sie betten sich tief in uns ein, als ob sie wahr wären. Leider entsteht dadurch sehr wenig Raum für dich, deine Geschichte von dem einzigartigen und besonderen Menschen, der du bist, zu erzählen.

Die Sache ist die, wenn du auf die Weisheit deines Körpers hörst, wenn du in Übereinstimmung mit deiner eigenen Frequenz bist, dann weißt du, tief, tief, tief in deinem Bauch, in deinem Zentrum, dem Ort, an dem du mit deiner wahrsten Natur verbunden bist, wenn diese Geschichten, die du glauben sollst, nicht deine Wahrheit sind, weil du es f-ü-ü-ü-h-l-s-t.

Aber erinnerst du dich an die gesellschaftliche Hypnose, von der ich anfangs gesprochen habe? Wir sind alle in ihrem Bann. Der Autor, Markenexperte und Kulturkommentator Seth Godin spricht über diesen »Bann« in seinem Seminar: »Leute wie wir machen solche Sachen wie ›Ändere eine Kultur. Ändere deine Welt.‹« Er sagt, dass die Dinge, von denen du gesagt bekommst, dass Leute wie du sie machen, in den Stoff deiner Geschichten eingewebt werden. Dort werden sie stark, entwickeln eine Eigendynamik und werden schließlich zum Fakt.

EINLADUNG: WAS IST DEINE GESCHICHTE?

Worum geht es in deiner aktuellen Geschichte:

- Geld?
- Familie?
- Beziehungen?
- deinen Körper?
- deine Gesundheit?
- Arbeit?

Nimm Papier und Stift und stell dir einen Timer auf 15 Minuten. Frage dich: *Was ist meine Geschichte in Bezug auf Geld?* Dann schreibe das erstbeste auf, was dir dazu einfällt. Mache immer weiter und arbeite dich durch die Liste. Keine Wertung. Und halte dich nicht zu sehr mit Details auf. Erlaube dir einfach ein paar Minuten, um jede Geschichte aufzublättern.

Um Geld zu verdienen, musst du richtig hart arbeiten.

Um liebenswert zu sein, musst du dünn, beliebt und wunderschön sein.

Um spirituell zu sein, musst du in einer hauchigen Yogalehrer-Stimme sprechen, Batik-Klamotten tragen und jeden Morgen um 4 Uhr eine Gottheit deiner Wahl ansingen.

Das sind nur einige der Geschichten, die mir erzählt wurden und die ich lange Zeit für wahr gehalten habe. Aber was ich jetzt weiß, ist, dass mein Leben und meine Erfahrungen abhängig davon sind, welche Geschichte *ich* mir erzähle.

Was du denkst und dir erzählst, schafft deine Realität. Daher übernehme ich radikal jeden Tag Verantwortung und beobachte meine Gedanken, werde sehr bewusst und sage mir das Leben, das ich leben möchte, vor – ein Leben in absoluter Übereinstimmung mit der, die ich wirklich bin – und mache es dadurch wahr.

Ein Leben, das in *meiner* Frequenz schwingt.

Denn *ich* habe die Wahl.

Die gute Nachricht?

Du hast ebenfalls die Wahl.

DU BESTIMMST DIE GESCHICHTE, DIE DU ERZÄHLST.

UND DAS LEBEN, DAS DU LEBST.

Wenn sich deine jetzigen Geschichten sehr unangenehm und nicht in Übereinstimmung mit deinem großen wunderschönen Herzen und deiner inneren Weisheit anfühlen und du merkst, dass sie sich trotzdem immer wieder in deinem Leben (und deinem Körper) wiederholen, dann hast du die Wahl, dieses Drehbuch zur Seite zu legen und dir eine andere Geschichte zu erzählen.

Du bestimmst deine Wahrheit über dich selbst, was für ein Leben du lebst und die Art, wie du es leben willst.

WEG MIT DEN »SOLLTEST«

Wenn du den »solltest« folgst – ich *sollte* zehn Pfund weniger wiegen, ich *sollte* soundso viele Social-Media-Follower haben –, zensierst du deine inneren Bedürfnisse und entfremdest dich von deinem Körper und deinen wirklichen Wünschen und Bedürfnissen.

Das ist nicht deine Schuld. Wir lernen, dass »sollte« das Richtige und »Sichere« ist, und wir spielen eine Weile lang mit. Aber wenn du dich wieder mit deinem Körper verbindest und deine Gefühle wahrnimmst, wirst du feststellen, dass diese Sachen, von denen du dir gesagt hast, dass du sie tun solltest, sich sehr unangenehm anfühlen – weil sie nicht *deine* sind.

Wenn wir die »solltest« fallen lassen könnten, würden wir das Drehbuch von all dem, was wir als Frauen gesagt und verkauft bekommen haben, zerstören. Lass uns das einfach mal eine Minute lang vorstellen.

Am Anfang kann es schwer sein, die »solltest« überhaupt zu identifizieren, denn sie tun so, als seien sie tatsächlich deine Wünsche und Bedürfnisse – ziemlich gerissen, nicht wahr? Nicht ausschließlich, aber oft tauchen sie auf, wenn du Selbstzweifel hast oder dich mundtot gemacht oder unwohl in deinem Körper fühlst. Herauszubekommen, was deine »solltest« sind, ist *keine* Aufgabe, die du einmal machst und dann ist gut: Es geht darum, die Geschichten, die du dir gerade erzählst, zu identifizieren und herauszufinden, welche »solltest« darin auftauchen. Deswegen ist es so wichtig, in seinem Körper zu Hause zu sein und seiner Weisheit zu vertrauen: Denn wenn du das tust, kann dein Körper *fühlen*, dass etwas nicht zu dem passt, wer du bist und was du möchtest.

URTEILE UND VERGLEICHE

Wenn du nicht deine eigene Geschichte, sondern die anderer lebst, wird dein Leben echt schwer, macht *keinen* Spaß und ist definitiv keine spannende Erfahrung. Tatsache.

Aber ich glaube nicht, dass es irgendjemanden gibt, die nicht an dem einen oder anderen Punkt ihr Leben und ihre Geschichten mit denen anderer verglichen und sich danach beurteilt hat, besonders auf Social Media.

Wie auch nicht? Das ganze System ist so ausgerichtet, dass wir permanent weiterscrollen und Dinge wollen, die wir nicht brauchen, und Sachen denken, von denen wir gar nicht wussten, dass wir sie dachten.

Ich möchte hier nicht vertieft auf die Wissenschaft und Psychologie von Social Media eingehen – das ist ein riesiges Gebiet –, aber wenn unsere gelebte Erfahrung und die Geschichten, die wir uns erzählen, nicht zu unserer Wahrheit, unserer Frequenz und der Weisheit unseres Körpers passen, ist es an der Zeit, sich zu überlegen, was für einen Effekt Social Media auf uns hat. Auf diesen Plattformen sind definitiv viele von uns permanent dabei, mit Schuld, Scham und Vergleich zu operieren: sowohl gegenüber uns selbst als auch gegenüber anderen.

Here's the deal. Unser soziales Nervensystem ist Teil des Kontrollzentrums unseres Körpers, das uns erlaubt, unsere Umgebung zu lesen und auf sie zu reagieren. Damit unser soziales Nervensystem sich wohlfühlt, müssen wir wissen, wer wir in Bezug auf andere um uns herum sind. Wir wollen uns sicher fühlen, ein Gefühl haben, dass wir dazugehören, dass die Leute uns verstehen und akzeptieren. Wenn wir das infrage stellen oder jemand etwas sagt, das uns das Gefühl gibt, nicht akzeptiert zu werden, dann verkanten wir uns in Urteilen und Vergleichen.

Dies ist eine stark vereinfachte Version von Dr. Stephen Porges' sehr komplexer und unglaublich kraftvoller Polyvagaler Theorie. Wenn du dir ein bisschen Nerdwissen zur Wissenschaft des Sich-sicher-Fühlens aneignen möchtest, kann ich zwei meiner Lieblingslehrerinnen und -menschen empfehlen, die ebenfalls großartige Arbeit auf diesem Gebiet leisten: Deb Dana und Amber Gray.

Dein soziales Nervensystem wird vom Herzen nach oben gesteuert – Nacken, Hals, Kiefer, Ohren und Augen – und an diesen Stellen kann es sein, dass ein Vergleichen und Verurteilen sich bemerkbar macht, also sei aufmerksam.

Wann immer du in einen Zustand von Vorwürfen gerätst oder dich mit jemandem vergleichst, lege eine Hand auf dein Herz und sage dir: »Ich fühle mich sicher in meinem Körper. Ich gehöre hier hin.« Mache dies drei Mal.

Wenn du dich sicher fühlst, bist du in der Lage, Raum für Mitgefühl zu schaffen.

Wo Mitgefühl ist, fühlen wir uns nicht länger so bedroht und können uns von den Beurteilungen und Vergleichen wegbewegen. Wir werden uns selbst und anderen gegenüber viel weniger kritisch und schaffen stattdessen Platz für Empathie und Verständnis.

Die Wahrheit? Wir sind alle so gut, wie es geht. Unsere Leben und die Art, wie wir sie leben, sind alle beeinflusst von Geschichten, unserer Kindheit, vergangenen Ereignissen, Erfahrungen und Traumata. Was wir von jemandem persönlich oder auf Social Media erleben, ist nur das, was sie in diesem bestimmten Moment ausgewählt haben, von sich zu teilen. Wir ändern uns beständig, jeden Moment. Wir lernen neue Sachen, wir verbessern uns, wir vermasseln es, wir treffen unterschiedliche Entscheidungen, wir erleben neue Leute und Orte – und weißt du was? Wir ändern unsere Meinungen.

Es gibt nie eine einfache Version dessen, wer wir sind. Jede von uns ist vielschichtig, wunderschön, chaotisch, komplex und stets in Entwicklung. Und das ist verdammt gut so.

WIR GEBEN ALLE UNSER BESTES.

ALSO LASST UNS NACHSICHTIG MIT UNS SEIN, OKAY?

DU MACHST DIE REGELN

Ich persönlich halte mich an die Worte der talentierten englischen Schauspielerin Helen McCrory: »Wie sollte eine Frau ihr Leben leben? Überleben, bis sie 70 ist, ewig in Angst und so, wie jedermann möchte, dass sie sich verhält? Oder sollte sie die leidenschaftliche Heldin spielen, in dem Wissen, dass versuchen und misslingen nicht Niederlage bedeuten?«

Du musst dich nicht an ein vorgeschriebenes Set von Regeln und Anweisungen halten, was du zu tun und zu lassen hast. Du darfst dein eigenes Set an Regeln schreiben und, was am wichtigsten ist, nach ihnen leben.

Hier sind meine Regeln:

- Ich trinke Gin *und* ich mache Yoga.
- Ich meditiere jeden Morgen *und* ich schaue *Real Housewives* (alle Staffeln und alle Schauplätze).
- Ich bin fett *und* ich bin fit.
- Ich habe ein großes Herz *und* ich habe starke und sichere Grenzen.
- Ich liebe knallpinke Acrylnägel *und* ich begehe Mondrituale.
- Ich studiere C. G. Jung *und* ich lese romantische Literatur.

Wir müssen nicht das eine *oder* das andere sein. – Wir können das eine *und* das andere sein.

Wir können alle unsere Anteile leben, ohne uns dafür rechtfertigen zu müssen. Fühlt sich *das* nicht gut an?

Wenn du dir das vor Augen führst, welche Geschichte erzählst du dann?

DEINE GESCHICHTE NEU SCHREIBEN

Genau, es liegt an dir, deine Geschichte zu erzählen.

Du hast die Fähigkeit, deine eigene Realität zu erzählen und wahr werden zu lassen. Das ist nicht so ganz einfach, weil vieles von dem, was wir glauben, dass wir es sind, verknüpft ist mit alten Geschichten und Narrativen. Und, dies kann vielleicht etwas schmerzhaft zu hören sein, diese Geschichten und Narrative können Verhaltensweisen von uns unterstützen und rechtfertigen, die wir lieb gewonnen haben – also sei freundlich mit dir selbst, während du dich erforschst, und erlaube dir, neugierig auf das Neuerzählen deiner Geschichte zu sein.

Weil meine Familie arm war und ich mit Sozialhilfe aufgewachsen bin, war eine Geschichte, die ich mir immer erzählt habe, die, dass Geldverdienen schwer sei. Dadurch, dass ich mir diese Geschichte erzählt habe, hatte ich damit immer recht. Weil es schwer ist, Geld zu verdienen, wenn man sich diese Geschichte immer und immer wieder erzählt.

Als ich mein Bedürfnis, recht zu haben, abgelegt hatte, als ich festgestellt hatte, dass die Geschichte meiner Eltern nicht unbedingt meine eigene Geschichte sein muss, als ich mich entschieden habe, mir jeden Abend vor dem Schlafengehen drei Mal zu sagen »Geld zu verdienen ist einfach für mich« (ob ich es jetzt geglaubt habe oder nicht – und am Anfang habe ich es definitiv nicht geglaubt), habe ich Raum für ein anderes Ergebnis geschaffen.

Wenn du deine eigene Erzählung umschreibst, löschst du nicht all die Sachen, die du gemacht hast oder die passiert sind. Du öffnest dich einfach dafür, was möglich ist, während du absolute Eigenverantwortung für das übernimmst, was als Nächstes kommt. Du akzeptierst deine Rolle als Schaffende, als eine Expertin deiner selbst, die mit der Weisheit ihres Herzens, ihres Bauches und des Kosmos zusammenarbeitet, um andere Möglichkeiten zu schaffen.

Wenn du deine Geschichte so erzählst,
wie *du* möchtest, dass sie stattfindet,
holst du dir deine Kraft zurück.

Wenn jemand versucht, dir ein Label aufzudrücken,
aber du dich weigerst, es als wahr anzunehmen,
holst du dir deine Kraft zurück.

Wenn du dir klar sagst, was und wen du in dein Leben lässt,
was sich gut anfühlt und was gut für dich ist,
holst du dir deine Kraft zurück.

Das bedeutet nicht, dass keine schlimmen Sachen passieren oder dass nicht so etwas wie eine globale Pandemie daherkommt und deine perfekt vorbereiteten Pläne zur Seite wischt und jede Menge Traumata zutage fördert, von denen du dachtest, dass du damit bereits fertig wärst. So etwas wird passieren. Du bist ein Mensch und machst menschliche Erfahrungen. Aber deine Kraft, deine *Präsenz* liegt in der Geschichte, von der *du* entscheidest, sie zu erzählen.

―――

ANMERKUNG: Ich sage nicht, dass du einfach einen positiven Gedanken denken, dir eine positive Selbstbestätigung geben sollst, mit den Fingern schnippst und plötzlich passieren »magisch« positive Sachen. Es geht hier darum, in dem Prozess den gesellschaftlichen Bann zu brechen (was definitiv nicht über Nacht geht), zu erkennen, dass welche Geschichte über dich du auch immer auswählst zu glauben und auf Wiederholung abzuspielen, deine Wahrheit sein wird.

»Ich verdiene es nicht, Erfolg zu haben« und »Ich verdiene es, Erfolg zu haben« sind beides Sätze, die das Potenzial haben, wahre Geschichten zu werden – welche von ihnen wählst du aus, um sie in Dauerschleife zu hören?

DU DARFST EINE ANDERE GESCHICHTE FÜR DICH WÄHLEN.

(DU BRAUCHST DAFÜR KEINE ERLAUBNIS, ABER NUR FÜR DEN FALL, DASS DU DANACH SUCHST: HIER, BITTE SCHÖN.)

EINLADUNG: ERZÄHL DEINE GESCHICHTE, HOL DIR DEINE KRAFT

Nimm dir Stift und Papier und etwas Zeit. Fühle dich sicher und wie zu Hause in deinem Körper, ohne Urteile und Vergleiche. Schüttele deinen ganzen Körper einmal. Trink ausreichend und klopfe sanft dreimal mit deiner Handinnenfläche auf dein Herz. Werde ganz still und frage dich: »Körper, welche Geschichte will ich von diesem Ort lebendiger Schaffenskraft und vielfältiger Möglichkeiten aus erzählen über:«

- Geld?
- Familie?
- Beziehungen?
- meinen Körper?
- meine Gesundheit?
- Arbeit?

Schreibe in der Gegenwartsform in deinen eigenen Worten Ereignisse, Situationen, Szenarios, als ob sie bereits wahr wären. Sei genau, absichtsvoll und beschreibe im Detail, wie du dein Leben leben möchtest: Wenn du es nicht für Likes und Follower auf Social Media machst; wenn du es nicht machst, um elterliche oder familiäre Erwartungen zu erfüllen; wenn du es für dich machst, zu deinen eigenen Bedingungen.

Erzähle die Geschichte des erfolgreichen, in sich ruhenden, seelenvollen *Dus*.

Es kann sein, dass diese bestimmte Geschichte gar nicht so weit von deiner jetzigen Realität entfernt ist, oder aber, dass sie Lichtjahre weit weg ist. Wie auch immer, lies dir deine Geschichte täglich vor – wenn du aufwachst, wenn du zu Bett gehst, wenn du auf den Bus wartest, wenn du eine Teepause machst. Denn die Geschichte, die du stets wiederholst, der du Leben und Lebendigkeit einhauchst, ist die Geschichte, auf die deine Frequenz reagieren wird. Also mach diese Geschichte so interessant, nahrhaft und lebendig wie möglich, okay?

4: ENTDECKE DEINE FREQUENZ

Verbinde dich mit deinem Zentrum und lokalisiere deine eigene Energiequelle

In spirituellen und in Wellness-Kreisen hörst du oft Begriffe wie »high vibe« und Phrasen wie »Erhöhe deine Schwingungen« oder »Nur gute Vibes«. Dahinter steckt die Vorstellung, dass du irgendwie aus einem Zustand »niedriger Schwingungen« herausgeholt werden und zu einem höheren gelangen müsstest.

Tatsächlich sind wir *immer* im Schwung.

YOU ARE A VIBE.

Ru Paul sagt: »Honey, du bist ein energetisches Phänomen.« Definitiv. Du bist eine Energiequelle. Wenn dein Herz schlägt, schickt es wieder und wieder eine Schwingung, einen Trommelschlag durch deinen ganzen Körper. Es ist ein Schwingen deiner ganz eigenen Frequenz.

Statt unbedingt »höher« oder »besser« zu schwingen, indem ich ein grünes Getränk zu mir nehme, eine Yoga-Position 20 Minuten lang halte oder ein irgendwie »aktiviertes« Essen zu mir nehme, wäre es nicht eine Idee, wenn du auf dein Herz hören und dein wahres Zentrum finden würdest? Wenn du *deine* Schwingungen und rhythmische Intelligenz wahrnehmen könntest und in *deiner* Frequenz mitschwingen, empfangen, schaffen und dein volles Leben leben würdest?

DEIN HERZSCHLAG

+

DEIN BAUCHGEFÜHL

=

DEINE FREQUENZ.

WAS IST DEINE FREQUENZ?

Ich denke, deine Frequenz ist dein komplettes Du-Sein in energetischer, schwingender Form. Je stärker die Schwingung, desto stärker die Frequenz.

Es ist, wenn der Schlag deines Herzens mit der Wahrheit deines Bauches übereinstimmt. Das beeinflusst deine Haltung, deinen Atem, wie du empfängst, dein sensorisches Bewusstsein, wie du Orgasmen hast, wie du zuhörst, wie du denkst und wie du mit der Welt kommunizierst. Es ist, wer du in deinem inneren Kern bist, ohne all die falschen Programmierungen, wenn all die Fassaden und Geschichten abgestreift sind und du die Anspannung, die Angst, die Schuld und das Bedürfnis zu gefallen fallen gelassen hast. Es ist die Quelle unserer Leidenschaft, Kreativität, unseres Mutes, des Selbstvertrauens und der Fähigkeit zu lieben – und es aktiviert unsere Intuition, unsere Erkenntnisse und unsere Zielstrebigkeit. Es ist die Verbindung zur Quelle des Lebens selbst. Es ist deine Quelle der Kraft. Dein Kraftwerk. (Du siehst, keine große Sache ...)

Je ruhiger du wirst, desto mehr kannst du hören.

ANMERKUNG: Dieses Zitat wird sowohl Ram Dass als auch Rumi zugeschrieben. Ich liebe sie beide gleichermaßen und habe das Gefühl, dass sie es beide gesagt haben. Du kannst deinen eigenen Lieblingsflüsterer weiser Worte wählen.

SICH ZENTRIERT FÜHLEN

Der tägliche Informationsüberfluss ist real. Solange wir keinen Weg finden, in unseren Leben etwas Ruhe und Stille zu finden, kann es sehr schnell schwierig werden, herauszubekommen, was tatsächlich unser Eigenes ist und was uns nur aufgedrückt wurde. Ist dies mein Gedanke? Ist dies meine Realität? Der Akt des Einschaltens hilft, mehr in deinem Zentrum anzukommen, egal, ob das für dich heißt, zehn Minuten mit der Hand auf deinem Herzen in Ruhe zu verbringen, mit nackten Füßen im Gras zu laufen oder eine zweistündige Atem- und Meditationsübung zu machen.

Wenn du zentriert bist, gibt es keinen Widerstand. Du bist präsent im Ist-Zustand. Du kannst tiefer atmen. Du hast mehr Kapazitäten zu wachsen. Du fühlst dich stärker. Du bist lebendiger, bewusster und kannst in Einklang mit deiner Frequenz gelangen.

Du weißt, dass du nicht zentriert bist, wenn

—— du ohne nachzudenken reagierst und austeilst.

—— du *die ganze Zeit* auf deinem Handy rumscrollst.

—— du dich von allem überwältigt fühlst.

—— du leicht abgelenkt bist und dich nicht fokussieren kannst.

—— du auf andere schaust, um deine Probleme zu lösen.

—— du zu dir negativ über dich selbst sprichst.

Wenn wir nicht zentriert sind, ist es viel schwieriger, uns selbst zu vertrauen. Wir sind von unseren Instinkten und unserem inneren Wissen entkoppelt und wir reagieren schlecht auf die unweigerlich eintretenden Höhen und Tiefen des Lebens. Das zwingt uns, entweder die Reise in die Zukunft anzutreten – in anderen Worten, sich beständig Sorgen darüber zu machen, was in der Zukunft passieren *könnte*, und zu versuchen, das zu kontrollieren – oder darüber zu grübeln und daran festzuhalten, was in der Vergangenheit passiert ist. Über beides haben wir, nur zu deiner Info, absolut keine Kontrolle.

Wenn wir zentriert sind, können wir den »Krach« von draußen abstellen und unsere eigene Frequenz einschalten. Wir haben einen Körper. Wir haben einen Anker. Wir sind anwesend. Und hier werden wir unser eigener Nährboden.

SEI DEIN EIGENER NÄHR- BODEN.

LOKALISIERE DEIN ZENTRUM

Dein körperliches Zentrum ist im Kern deines Seins verortet, in deinem Bauch. Gesellschaftliche Regeln diktieren uns, dass Frauen ihre Bäuche einziehen sollen, dass sie einen festen Waschbrettbauch haben sollen und ihren Bäuchen gegenüber eine Art Selbsthass fühlen sollen – aber, wir vergessen einfach diese »solltest«, haben wir ja gesagt, nicht wahr? Früher wurde ein wunderschöner runder Bauch und die in ihm wohnende Kraft bewundert und verehrt. In der griechischen Mythologie gibt es die Göttin Baubo, die im Prinzip ein großartiger Bauch auf Beinen ist, mit Nippeln als Augen und ihrer Vulva als Mund. Sie zeigt ihren nackten Bauch, erzählt schmutzige Witze, wackelt mit den Hüften und hebt ihren Rock hoch, um ihre Vulva zu präsentieren (meine Art von Göttin!). Das Bauchlachen, das sie hervorruft, wenn sie das macht, bedeutet, dass die Lebenskraft und Fruchtbarkeit des Landes (zusammen mit der Lebenskraft und Fruchtbarkeit aller Frauen) wiederhergestellt wird und gedeiht. Hurra!

EINLADUNG: VERBINDE DICH MIT DEINEM BAUCH

Um deinen Bauch als deine instinktive Stimme von Wissen und Weisheit wiederzuentdecken, finde dein Zentrum und beginne, dich mit ihm zu verbinden und deinem Bauch zu vertrauen.

Atme natürlich und lege eine Hand oder beide Hände mit der Innenseite auf die Stelle ungefähr fünf Zentimeter unter deinem Bauchnabel.

Bringe dein Bewusstsein an den Ort unter deinen Handflächen und atme ruhig und rhythmisch aus dem Bauch heraus. Wenn du dich selten mit diesem Teil deines Körpers verbindest, kann das zu Anspannung führen. In dem Fall beginne zunächst mit ein paar Atemzügen von deiner Brust aus und konzentriere dich dann darauf, zum Bauch herunterzugehen.

Mache diese langsamen, rhythmischen Atemzügen drei bis fünf Minuten lang.

Je nachdem, wie deine derzeitige Beziehung zu deinem Bauch aussieht, kann diese Übung festgefahrene Gefühle und Emotionen aktivieren. Keine Sorge: Lass sie an die Oberfläche gelangen, erkenne sie an und sei bei diesem Prozess freundlich zu dir. Erinnere dich, dass es ein Prozess ist, deine Beziehung zu deinem wunderschönen Bauch als Zentrum der Weisheit wieder aufzubauen.

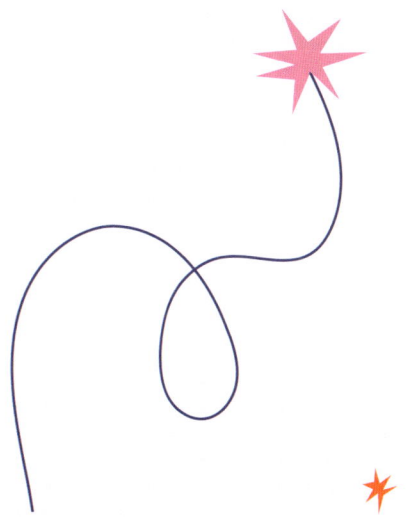

VERTRAUE DEINER INTUITION

Deine Intuition ist eine Intuition aus dem Bauch heraus, die du in deinem Zentrum spürst. Dein Bauch hat sein eigenes Nervensystem – das Enterische Nervensystem, ENS – und dies ist der Ort, an dem wir »Schmetterlinge« haben, wenn wir aufgeregt sind, oder wo uns das Herz in die Hose rutscht, wenn wir schlechte Nachrichten erhalten. Ich nenne es gerne unsere »*Innen*-tuition«: ein internes Leitsystem, das uns beständig lehrt und uns mit wichtigen Einsichten darüber versorgt, was in unserem Leben gerade los ist. Die Intuition weiß genau, was du wirklich willst. Sie kann dich ermuntern, bestimmte Möglichkeiten, die sich gut und stimmig anfühlen, anzugehen. Sie kann die Alarmglocken läuten, wenn etwas definitiv ein No-Go ist. Viele Leute hören die Intuition wie eine innere Stimme, andere erleben sie als körperliche Gefühle und Sinneseindrücke. Und viele von uns ignorieren sie und schalten sie ab, weil wir gelernt haben, dass rationales Denken die »richtige« Art zu denken ist.

Wie erkennst du den Unterschied zwischen dem Instinkt deines Bauches und rationalem Denken? Lass deinen Körper es dir sagen.

Wenn du ganz in deinem Kopf bist, Gedanken und Sorgen hin und her wälzt, kann es sein, dass du Frustration, Verwirrung und möglicherweise Angst erlebst. Wenn du tief in deinem Bauch bist, kannst du vermutlich nichts damit anfangen, was du mit rationalem Denken fühlst, aber es wird sich sofort »richtig« und »wahr« anfühlen.

Zu lernen, was unsere eigene Intuition fühlt oder wie sie sich anhört, braucht … du ahnst es … Übung.

Wenn ich nach Anleitung suche, lege ich meine Hände unter meinen Bauchnabel, atme tief und summe. Wieso? Weil wenn du summst oder das meditative »Om« machst, vibriert dein Kehlkopf und sendet ein »Entspann dich«-Signal an das Nervensystem. Während sich dein Körper entspannt, wird es einfacher für dich, Zugang zur Weisheit deines Bauches (statt dem Krach in deinem Kopf) zu bekommen.

Anschließend bitte ich meinen Bauch und sein tiefes Wissen um Leitung.

Manchmal höre ich ein Wort oder ein Satzfragment oder sogar einen vollständigen Satz als Antwort, aber wenn ich ehrlich bin, passiert dies nicht ansatzweise so oft, wie ich es mir wünschen würde. Die meiste Zeit spüre ich Sinneseindrücke statt Worte. Wenn etwas nicht okay ist, verspüre ich ein scharfes, sinkendes Gefühl am Boden meines Bauches. Wenn etwas positiv ist, spüre ich ein warmes Kribbeln von Hüfte zu Hüfte und wenn etwas mehr Nachdenken braucht, verspüre ich das Bedürfnis, meinen Bauch fürsorglich zu reiben. Wenn ich aus irgendeinem Grund nicht durchkomme, nichts wahrnehme, erkenne ich, dass es ziemlich gut sein kann, dass ich die Antwort nicht hören möchte. Dann, und das habe ich von einem meiner absoluten Lieblingsmenschen, Shaman Durek, gelernt, sage ich laut: »Ich lasse all meine Angst, die Antwort zu hören, los.« Und dann stelle ich die Frage noch einmal laut. Manchmal braucht es ein paar Versuche, aber es funktioniert.

ICH BIN ZENTRIERT, AUSGEGLICHEN UND SELBSTBEWUSST.

DEIN HERZ UND DEIN BAUCH

Deine Frequenz wird sich von den Frequenzen anderer unterscheiden. *So* soll es sein.

Wenn du deine spezifische, dir eigene Frequenz einschaltest und sie schwingen lässt, bedeutet das, dass du vielleicht nicht dieselben Sachen wie andere Menschen sagst oder tust. Deine Gedanken und Meinungen sind vielleicht anders; und die Handlungen, die du dich entscheidest zu tun oder zu lassen, sind vielleicht auch nicht dieselben.

Gut.

Wenn du in Verbindung mit deinem Herzen und in deinem Bauch zentriert bist, dann wird dein inneres Leitsystem verstärkt und du bist auf deine eigene Frequenz eingestellt. Deine Haltung ändert sich, du stehst aufrechter, du atmest tiefer, du fühlst dich sicher und selbstbewusst und was du in die Welt sprichst, hat eine starke, klare, echte, erhebende und dir selbst treue Resonanz.

Du vertraust ihr.

Andere vertrauen ihr ebenfalls.

Das bist *du*, zentriert und ausgeglichen. Wie gut fühlt sich das denn an?!

Wenn du in deiner eigenen Frequenz schwingst,

- bist du präsent und diese Präsenz wird kraftvoll.
- wird es viel schwerer, dich zu manipulieren (auch wenn manche Leute es vielleicht noch versuchen werden).
- kannst du das Umfassende der menschlichen Erfahrung begreifen (und erkennen, dass es chaotisch ist, dass es nicht einfach dies *oder* das gibt – sondern eine Vielzahl an Realitäten und Möglichkeiten).
- wird es leichter für dich zu erkennen, was du bereit bist, als deine Verantwortung zu akzeptieren (und was du definitiv nicht bereit bist, auf dich projizieren zu lassen).
- bleibst du länger zentriert und in deinem Körper (und das fühlt sich gut, nicht unangenehm an).
- wird es schwieriger, dich umzustoßen – Kritik hat einen geringeren Effekt.

REAL TALK: HATERS GONNA HATE

Wenn du in deiner eigenen Frequenz schwingst, *werden* Kritik und negatives Feedback (meine höfliche Art, von Hatern zu sprechen) einen geringeren Effekt auf dich haben – aber sie werden ohne Zweifel kommen. Tatsächlich – real talk – kann es sogar sein, dass du mehr davon abbekommst.

Deswegen scheuen sich ja so viele Leute davor, präsent zu leben und ihre kraftvolle Präsenz in der Welt zu zeigen. Schließlich geben uns die Geschichten, auf die wir konditioniert worden sind, und die vielen Masken, die wir zu tragen gelernt haben, Halt, nicht wahr?

Niemand will sich aktiv da rausbegeben, wenn es nur die kleinste Chance gibt, nicht gemocht, attackiert oder gehasst zu werden, oder? Doch diese Angst, bemerkt, gesehen oder kritisiert zu werden, nur dafür, anders zu sein, etwas anders zu machen oder zu glauben, hält so viele von uns davon ab, uns wirklich auszudrücken und unsere prall gefüllten und freudigen Leben zu leben.

WAS DIE LEUTE VON DIR DENKEN, IST NICHT DEIN PROBLEM –

ODER DEINE VERANTWORTUNG.

DIE WELT BRAUCHT ES, DASS DU IN DEINER FREQUENZ SCHWINGST.

Als jemand, die Bücher geschrieben, ihre Kunst mit der Welt geteilt und auf einer Bühne vor Hunderten von Leuten gestanden hat, kann ich aus ganzem Herzen bestätigen, dass Kritik, Zurückweisung und Hass schmerzen. Sehr. Und ich kann auch bestätigen, dass, wenn ich ausgeglichen und zentriert bin und in meiner Frequenz schwinge, sie definitiv sehr viel weniger schmerzen – weil ich mich kenne und mir vertraue.

Hater werden *immer* hassen. Besonders wenn deine Frequenz auf einer anderen Wellenlänge schwingt als ihre.

Natürlich gibt es manchmal Leute, die dich einfach nicht mögen, oder die dich aufgrund ihres eigenen »Zeugs« missverstehen, oder sie stimmen dir nicht zu und sind nicht offen für das, was gesagt wurde oder einer anderen Perspektive als ihrer eigenen entspringt. Aber der eigentliche Grund liegt darin, dass du, indem du in deiner eigenen Frequenz schwingst und das auch in die Welt übermittelst, sehr deutlich machst, was sie *nicht* tun und wo sie (noch) nicht willens oder bereit sind, Verantwortung zu übernehmen.

Aber es gibt auch gute Nachrichten. Es gibt *definitiv* gute Nachrichten. Auch du wirst ein weit strahlendes Leuchtfeuer sein. Ähnliches zieht sich an. Diejenigen, die ebenfalls schwingen und in der Welt widerhallen, werden dich kennenlernen wollen, von dir lernen wollen, Zeit mit dir verbringen wollen und dich wo nötig hochziehen wollen. Genau. Je stärker du in deiner eigenen Frequenz schwingst und widerhallst, desto stärker und magnetischer wird deine Präsenz.

Da kannst du überhaupt nichts gegen tun.

5: FINDE DEINE QUELLE

Erschließe deine
Quelle, nähre
und versorge dich

Früher war ich verrückt nach Selbsthilfe. All die Rezepturen, Methoden und Wege, mich zu »verbessern« (meistens verbunden mit Kosten für Produkte, Kurse oder irgendwie geartetes Training). Nenn mir egal was, ich habe es mit großer Wahrscheinlichkeit ausprobiert. Ich habe die Säfte getrunken, die Bücher gekauft, an den Online-Programmen teilgenommen, ich habe sehr teure Crèmes auf mein Gesicht geschmiert, die Kissen für besseren Schlaf gekauft, bin zu Workshops hoch oben auf den Berg gestiefelt und habe die Kristalle getragen (okay, zugegeben, ich werde *niemals* keine Kristalle tragen). Und während manches definitiv dazu beigetragen hat, dass ich mich (zumindest für eine Weile) besser gefühlt habe, hat mir selten etwas über längere Zeit – tief in meinem Zentrum – das Gefühl von echter Sättigung gegeben. Also suchte ich weiter nach dem nächsten Selbsthilfe-Wellness-Dopamin- und Serotonin-Kick, dem nächsten Wunderprodukt oder Guru, der nächsten Sache, die mir erlauben würde, mich zeitlich begrenzt besser zu fühlen (wobei es im Endeffekt dazu führte, dass ich mich selbst beschimpfte, weil ich aufgab und das Programm/das Grüne-Säfte-Regiment/den Fünf-Punkte-Plan nicht länger durchhielt).

Ausspülen und wiederholen, ausspülen und wiederholen, ausspülen und wiederholen – wie auf den Shampooflaschen.

Und ich weiß genau, dass ich damit nicht allein bin.

Selbsthilfe, die inzwischen als Selbstfürsorge ein neues Branding erhalten hat, ist zu einer Multimillionen-Dollar-Industrie geworden, die weniger etwas mit deinen *eigentlichen* Bedürfnissen und deinem Wohlbefinden zu tun hat, als dafür da ist, die Kasse klingeln zu lassen, indem du – mithilfe von Influencer:innen und schönen Bildern auf Social Media – dazu verleitet wirst, »Zeug« für deine *angeblichen* Bedürfnisse zu kaufen.

Ich will nicht eine Minute lang sagen, dass Selbstfürsorge nicht wichtig ist. Sie ist wichtig. *Wirklich* verdammt wichtig. Sogar essenziell. Aber unterstützend, nährend und regenerierend ist sie nur, wenn sie sich nach *dir* richtet, nicht nach einem Fünf-Punkte-Plan oder einem Ein-Programm-für-alle, das jemand zusammengestellt hat, der dich nicht kennt und deine spezifischen Bedürfnisse und Wünsche nicht berücksichtigt.

VERBINDE DICH MIT DEINER QUELLE

Die eigene Quelle zu finden ist meine Antwort auf das Bombardement mit all den Sachen, die uns bei der Selbstfürsorge und Selbstliebe helfen sollen.

Übrigens sage ich nicht, dass du *nichts* von den Dingen tun sollst, von denen man uns sagt, dass sie dafür sorgen, dass wir uns besser fühlen: Ich liebe es zu baden, ich ritualisiere alles Mögliche, ich kaufe *immer* noch teure Pflegeprodukte und Parfüm und nehme mir Auszeiten mitten in der Pampa. Was ich sage, ist, dass wenn wir verstehen, wann und wo uns etwas verkauft werden soll, wir uns dann selbst gut genug kennen, um für uns richtig zu reagieren. Wir können uns mit unserer Quelle verbinden und unserer Urteilskraft vertrauen, informierte, wirklich ganzheitliche Entscheidungen aus dem Bauch heraus darüber treffen, welche Nahrung wir *wirklich* brauchen und wollen.

Was ich über mich selbst weiß:

- Auch wenn man mir sagt, dass Pilates gut für mich sei, sind 20 Minuten mit mir selbst abzutanzen für mich wesentlich heilsamer.

- 10 Minuten in meinem Garten mit den Füßen in der Erde in der Sonne zu liegen, ist genauso förderlich, wenn nicht heilsamer, als genauso lang in einer Yogapose zu verharren.

- Kunst mit Filzstiften zu machen ist für mich genauso wirksam, wenn nicht förderlicher als eine tiefe, stundenlange Meditation.

- Das langsame und bewusste zeremonielle Trinken einer Tasse Kakao mit Kokosmilch und einem Hauch Rosenwasser ist genauso förderlich, wenn nicht heilsamer als ein kalorien- und fett- und alles-reduziertes Diätprogramm. (Und nur damit du es weißt, Kakao enthält mehr Calcium als Kuhmilch, ist voller Eisen, Magnesium und Antioxidantien und kann bei Problemen wie Depressionen, Stress, Bluthochdruck und Herzschmerzen helfen. Ich LIEBE Kakao. Schon mitbekommen?)

Das ist *meine* Wahrheit. Es kann sein, dass Pilates und stundenlange Meditation für dich der beste Weg sind, um deinem Körper

Liebe zu zeigen. Deswegen ist es wichtig, sich – durch das intuitive Bauchgefühl – mit seiner Quelle zu verbinden und dort eine individuelle, dem Körper vertrauende Einschätzung dessen zu machen, was *dich* persönlich nährt.

Die Verbindung zur eigenen Quelle aufzunehmen beinhaltet ein tiefes Ehren unseres körperlichen, emotionalen, psychischen und spirituellen Zustands und ein dementsprechendes Versorgen.

Sammle Daten zu dir selbst.

Deine Sie-Landschaft zu erschließen, wie wir es uns auf Seite 51 angeschaut haben, kann dir wirklich dabei helfen, zu entdecken, wo es Muster und Rhythmen gibt, an die du anschließen kannst. Unsere zyklische und rhythmische Natur und Intelligenz bedeuten, dass unsere Wünsche und Bedürfnisse einigermaßen vorhersehbar werden können. Dies zu wissen hilft uns bei der Ausstattung unserer selbst. Am ersten Tag meines menstrualen Zyklus helfen mir zum Beispiel Wärmekissen, Kakao, Ruhe und viel Stille, um mich gut und genährt zu fühlen. Wenn ich ängstlich bin und das Gefühl habe, die Kontrolle zu verlieren, nehme ich ein Salzbad, verlangsame mein Atmen und weine vermutlich. Eine Menge. Wenn ich etwas Wichtiges in meinem Leben etablieren möchte, bringe ich mich zum Orgasmus. Wenn ich mich niedergeschlagen und unmotiviert fühle, mache ich Lizzos Song *Good as Hell* an und sage mir: »Drei Minuten. Bewege deinen Körper drei Minuten lang.« Das legt den Schalter um.

Wir leben in einer interessanten/unsicheren/irgendwie wilden Zeit und je mehr wir darüber wissen, wie wir uns selbst mit Nahrung versorgen, desto fähiger sind wir, ausgeglichen, zentriert und versorgt zu bleiben – egal, ob das jetzt heißt, dich selbst zu umarmen, wenn du dich von dem, was du in den Nachrichten hörst, überwältigt fühlst, ob du Gefühle von Wut raustanzt und -stampfst oder dein eigenes Obst und Gemüse anbaust. (Ich kann gar nicht sagen, wie viel Freude und Genährtsein ich daraus ziehe, meine eigenen Tomaten, Himbeeren, Erdbeeren, Brokkoli und Knoblauch zu besingen, zu pflegen und dann schließlich zu essen.)

Es ist eine lebenslange, sich stetig ändernde Erforschung dessen, was dir Freude bringt, was dich aufmuntert, dich nährt, was dafür sorgt, dass du dich wirklich gut fühlst – und du gibst dir selbst die Erlaubnis, dir all das zu nehmen.

KOMM ZU SINNEN

Manchmal kann ich den Körpergeruch einer anderen Person aus drei Metern Entfernung riechen. Manchmal kann ich jedes einzelne Gespräch im Restaurant hören. Manchmal kriege ich Hautausschlag, allein weil ich mich in der Nähe eines Menschen befinde, den ich nicht ausstehen kann. Manche nennen das erhöhte Sensibilität, manche nennen es eine spirituelle Superkraft. Aber ehrlich? Ich habe immer gedacht, das bedeutet, dass ich total verrückt bin.

Es hat sich herausgestellt, dass Leute, die hypermobil sind – das bin ich –, oft auch eine hyperaktive sensorische Natur haben.

Krass, oder?

Man muss nicht hypermobil sein, um sensorisch aufmerksam zu werden. Aber mir hat die Erfahrung meiner hyperaktiven sensorischen Natur die Macht unserer Sinne klargemacht und verdeutlicht, wie lebenswichtig sie für Geschmack und Qualität unserer Frequenz und Präsenz sind.

Ich habe all meine besten Ideen unter der Dusche, wenn warmes Wasser meine Haut küsst. Ätherische Öle wie Weihrauch und Myrrhe verdampfen zu lassen hilft mir, mich zu reinigen und einen klaren Kopf zu bekommen. Beim Geruch von Jasmin und Ylang-Ylang fühle ich mich sexy. Wenn ich die Rosen in meinem Garten anschaue, fühle ich mich geliebt. Wenn ich knallpinke Accessoires trage, fühle ich mich stark *und* es macht Spaß. Kakao zu trinken tröstet mein Herz. Wir alle können Klänge, Gefühle, Anblicke, Geschmack und Gerüche nutzen, um uns mit unseren Körpern zu verbinden, um unsere Empfindungen zu zeigen und zu heilen und Entscheidungen darüber zu treffen, was wir wirklich brauchen, wünschen und begehren.

EINLADUNG: ERWECKE DEINE SINNE

Falls du je eine Therapie gemacht hast, kann es gut sein, dass dein:e Therapeut:in die folgende Übung mit dir geteilt hat. Meine hat es gemacht und ich finde es eine wirklich einfache und effektive Übung, um dich auf deine Sinne zu fokussieren und zu erkennen, welche deiner Sinne am stärksten sind. (Zu deiner Information: Es gibt fünf traditionelle Sinne – Berührung, Sicht, Hören, Riechen und Schmecken –, aber laut Wissenschaftler:innen, die wichtige Forschung betreiben, gibt es potenziell noch 20 weitere Sinne, die es zu entdecken gilt!)

Finde einen ruhigen Platz, um dich hinzusetzen.

Atme tief ein und lege deine Hände auf deinen Bauch. Er sollte beim Ein- und Ausatmen weich sein.

Schaue dich um. Finde fünf Sachen, die dir ins Auge springen, und benenne sie.

Bemerke als Nächstes vier Sinneseindrücke, die du in deinem Körper spürst, und benenne sie.

Jetzt finde drei Klänge, die du hörst, und benenne sie.

Finde zwei Emotionen, die du gerade fühlst, und benenne sie.

Finde schließlich einen Geschmack in deinem Mund und benenne ihn.

Diese Übung bringt dich in deinen Körper und die »gefühlten« Sinne deiner aktuellen Erlebnisse. Diese Übung bringt dich in den jetzigen Moment, sodass du präsent sein kannst.

Sinnlicher Genuss

Jetzt, wo du präsent bist und deine Sinne wach sind, mache eine Liste der Dinge, die *deine* Sinne stärken und auf die *dein* Körper positiv reagiert.

Es kann ein Geruch sein – ich bin süchtig nach dem Duft von Rose & Oud. Vielleicht ist es das Eincremen nach dem Duschen, während dem du jedem Körperteil ein »Ich liebe dich« zuflüsterst. Es kann das Laufen durch einen Wald voller Glockenblumen sein oder das Liegen auf der Erde und sich von Mutter Natur halten lassen. Es kann das Tragen bestimmter Farben und Stoffe sein – ungelogen, wenn ich meine Animal-Print-Seidenkaftane trage, fühle ich mich wie eine Göttin.

Was bringt *dir* sinnlichen Genuss? Vielleicht liebst du eine bestimmte Farbe und die Gefühle, die sie hervorruft – gerade bin ich verrückt nach Neongelb und einem aufmunternden Rosa –, oder vielleicht liebst du es, den warmen Sand unter deinen Füßen zu spüren, wenn du barfuß am Strand entlangläufst. Mache eine Liste. Beschreibe deine Lieblings-Sinneseindrücke so ausführlich wie möglich, dann hänge die Liste gut sichtbar auf, als Erinnerung daran, was dir guttut.

Meine Liste beinhaltet:

- den Geruch des ersten Regens auf sonnengebrannter Erde.
- ein Bett frisch zu beziehen – das Gefühl, in ein frisch bezogenes Bett zu steigen, ist einfach EINMALIG.
- frisch gepflückte Erdbeeren zu essen, die ich selbst mit Liebe vom Samen an großgezogen habe.
- Pfingstrosen und Rosen – so hübsch!
- tanzen und schwitzend meine Gebete ans Universum senden.
- die ätherischen Öle Eukalyptus und Rosmarin zusammengemischt als Duschzusatz.
- der Klang von Wellen, die auf den Strand klatschen.
- der Geruch meiner Haut nach einem ganzen Tag am Strand – salzig, sonnengeküsst und glücklich.

EMPFÄNGLICHKEIT ALS WEIBLICHE SUPERKRAFT

Sind unsere Sinne wach, sind wir präsent im Hier und Jetzt und werden viel offener dafür zu empfangen. Ob es ein Kompliment ist, ein Hilfsangebot, ein Geschenk aus Liebe, ein Nickerchen oder eine ungestörte Nacht; etwas anzunehmen kann für viele von uns schwierig sein. Wir haben oft das Gefühl, dass wir »geben« müssten (um als gut zu gelten) und »tun« (um als produktiv zu gelten) und dass der Akt des Empfangens irgendwie passiv, verletzlich, erduldend oder faul ist.

Stimmt nicht.

Empfänglichkeit ist eine weibliche Superkraft. Wenn du offen bist zu empfangen, erlaubst du dir, dort getroffen zu werden, wo du gerade bist, statt dem männlichen/kapitalistischen Modell folgend in die Welt hinauszugehen, drängend, aufmerksamkeitsheischend, überproduktiv und in der Folge oft ausgebrannt. Ich denke bei Empfänglichkeit an Kleopatra, die auf einer Chaiselongue liegend einfach nur großartig ist. Sie trägt nach einem wunderbar luxuriösen Milchbad ihr Lieblings-Outfit und flüstert sich stetig zu: »Du bist großartig, du bist reich, du bist stark, du bist ganz.« Sie hat all ihre Sinne belebt und ist bereit zu empfangen.

Empfänglichkeit bedeutet nicht, à la Kleo herumzuliegen und darauf zu warten, dass etwas passiert. Bist du mit deiner Quelle verbunden und versorgt, ist deine sensorische Natur wach, und du bist fähig, deine eigenen Bedürfnisse zu spüren und auf sie einzugehen. Wenn du nicht die ganze Zeit hektisch*tust*, kannst du Raum in deinem Zentrum schaffen und die Stille darin wird potent, weil du präsent bist. Voll präsent.

Es ist das genaue Gegenteil von schwach und passiv: Wenn wir offen sind zu empfangen, bauen wir einen Raum sprudelnd vor Lebenskraft und kreativem Potenzial. Wenn wir uns um unsere Bedürfnisse kümmern, uns erlauben auszuruhen, zu träumen, gut zu schlafen, gut zu essen, unsere Körper auf feine und sinnliche Art zu bewegen, wenn wir Wasser trinken, in der Natur wandern und mehr machen, was uns Freude bereitet, und weniger, was Angst verursacht, wird dieser Raum der Empfänglichkeit magnetisch. Unsere Realität passt sich unserer Frequenz an und wir werden fruchtbar – und dort wird alles möglich.

EINLADUNG: HALTEN UND VERSORGEN

Wenn wir darüber reden, uns zu pflegen und uns um uns zu kümmern, kann das starke Emotionen freisetzen, wie »*Ich bin nicht gut genug*«, »*Ich verdiene es nicht*« und »*Es ist selbstsüchtig, meine Bedürfnisse vor die anderer zu setzen*«. Wenn du irgendwelche dieser Emotionen oder deine eigene Version ähnlicher Gedankenmuster erlebst, versuche es mit diesem einfachen fürsorglichen Halt.

Platziere deine Fingerspitzen an jeder Seite deiner Brust auf der gleichen Höhe – auf halber Höhe zwischen deinen Schultern und deinen Nippeln.

Dieser Halt pflegt und nährt den Körper: Es ist ein Halt der Selbstpflege, um sich selbst zu bemuttern und große Liebe zu geben.

Dies ist oft eine empfindliche Stelle für Frauen, also sei behutsam. Du musst nicht fest drücken. Atme einfach mehrere Minuten tief ein, schicke Liebe und Vergebung durch die Fingerspitzen und in deinen Körper.

SELBSTLIEBE IST EIN RADIKALER AKT

Uns selbst zu nähren, zu pflegen und in einer Welt zu versorgen, wo Frauen lernen, dass es egoistisch, maßlos oder sogar narzisstisch ist, sich selbst ganz oben auf seine Prioritätenliste zu setzen, ist tatsächlich ziemlich verdammt radikal.

Zu wissen, was du willst, begehrst und brauchst (nicht das, was man dir gesagt hat, dass du es willst, begehrst und brauchst), und zu wissen, wie du daran kommst und dass du es absolut verdienst, es zu bekommen, bricht den Bann. Es bricht die Ketten der Entmachtung. Es bricht mit der Dämonisierung des Körpers und es verbindet dich mit deiner wahren Natur, während du deinen Körper und dein Leben zurückeroberst.

Du bist: lebendig, voller Freude, zufrieden, ausgeglichen, mit selbst gesetzten Grenzen.

Du bist: in deinem Körper, verbunden, vertrauend und du weißt um deinen eigenen Wert.

Du bist: in Übereinstimmung mit deiner dir eigenen Frequenz.

Du bist: in konstanter Kommunikation mit deinem Bewusstsein.

PLANEN GEMÄSS MOND UND MENSTRUATION

Ich unterrichte jetzt seit ein paar Jahren, wie man für sich selbst sorgt, und wie mit allen Sachen in diesem Buch, gibt es kein Schema F: Es ist ein Prozess des sich selbst Entdeckens und Erforschens. Du brauchst mich nicht, damit ich dir sage, dass du mehr Wasser trinken, deinen Körper bewegen und weniger Zucker essen sollst. (Dazu gibt es auch jede Menge Bücher und Online-Material, falls das die Art von Information ist, nach der du suchst.) Dies ist anders: Es ist eine Einladung, neugierig zu werden. Kritisch zu werden, wie wir unsere Energie investieren.

Wie du neugierig wirst, ist natürlich deine Sache, aber ich würde gerne etwas teilen, das mein Leben verändert hat. Ich nenne es Planen gemäß Mond und Menstruation. Erinnerst du dich an das 2. Kapitel, als ich über unsere Verbindung zur Natur und unseren Zyklen als eine Möglichkeit, unsere emotionale, spirituelle und physische Gesundheit zu verstehen, gesprochen habe? Diese zyklische Weisheit ist auch die Grundlage dafür, wie ich mich persönlich versorge. Ich arbeite mit den Phasen meines menstruellen Zyklus. Aber auch wenn du nicht blutest, kannst du, wie gesagt, die Zyklen des Mondes benutzen, um dies zu erforschen.

Mit der Ebbe und Flut der verschiedenen Phasen zu arbeiten erlaubt dir, dich mit deiner sich stets verändernden inneren Landkarte zu verbinden: deiner emotionalen, physischen und mentalen Landkarte. Das hilft dir zu erkennen, was du brauchst, um dich in jeder Phase versorgt und lebendig zu fühlen.

Meine Empfehlung

Ich werde ein bisschen über jede dieser Phasen erzählen, sodass du eine Vorstellung davon bekommst, was sich bei dir zeigen könnte. Aber: Jede hat andere Wünsche und Bedürfnisse. Ich sage dir, was ich entdeckt habe, um mich in jeder Phase gut versorgt, lebendig und in Übereinstimmung mit meiner Frequenz zu fühlen. Während du mit deinem eigenen menstruellen Zyklus oder mit dem des Mondes arbeitest, kannst du anfangen, dir Notizen zu machen und dich darauf einzulassen, was *du* brauchst, um dich in Übereinstimmung mit *deiner* zyklischen Natur zu versorgen, nähren und pflegen zu können.

Vor dem Eisprung/Zunehmender Mond

ENERGIE: Maskulin und nach außen gerichtet
SUPERKRAFT: Kreativ sein und Risiken eingehen

Dies ist die Phase, in der wir Arbeit erledigt bekommen, neue Projekte beginnen, auf Dates gehen, neue Samen säen, Neues ausprobieren und die frische Energie nutzen, die durch uns fließt. Es ist eine starke Zeit, um einen Vertrauensvorschuss zu geben, Risiken einzugehen und große Änderungen in deinem Leben vorzunehmen. In dieser Phase schießt deine Produktivität in die Höhe.

Los, Tiger!

Um mich in der Phase vor dem Eisprung beziehungsweise bei zunehmendem Mond gut zu versorgen,

- lasse ich mich wie eine Anfängerin denken.
- probiere ich Dinge aus und erforsche neue Sachen.
- verdampfe ich Jasminöl, da es Inspiration, Leidenschaft und Freude fördert.
- gehe ich morgens joggen mit sporadischen Sprints. Meine Energie- und Hormonlevel steigen nach der Menstruation an, daher mag ich in dieser Phase tatsächlich Sport – ha!
- plane ich Kunst-Verabredungen mit mir.
- arbeite ich in dieser Phase mehr und ruhe mich weniger aus, da ich die Energie habe, mehr zu schaffen (in dem Wissen, dass ich in der zweiten Hälfte meines Zyklus mehr ruhen und weniger arbeiten werde!).

Eisprung/Vollmond

ENERGIE: Maskulin und nach außen gerichtet
SUPERKRAFT: Selbstvertrauen

In dieser Phase dreht sich alles darum, zu netzwerken, sich zu zeigen, seine Ideen auszudrücken und, noch wichtiger, dafür zu sorgen, dass sie umgesetzt werden. Du bist magnetisierend und selbstsicher. In dieser Phase bist du fähig, enge Verbindungen zu schmieden und nachhaltig Eindruck zu hinterlassen. Wenn du eine Gehaltserhöhung aushandeln, eine Präsentation halten oder ein intensives Gespräch mit deinem Partner oder deiner Partnerin führen möchtest, ist jetzt die Zeit.

Du bist Feuer! Rarrr!

Um mich in der Phase des Eisprungs beziehungsweise bei Vollmond gut zu versorgen,

— lege ich Meetings und Verabredungen in diese Zeit, denn in dieser Phase bin ich tatsächlich gerne unter Leuten – ha!

— höre ich laut Musik und singe und tanze, was das Zeug hält.

— knutsche ich rum. Viel.

— schmücke ich das Haus mit Rosen, trage Rosenparfüm ... und mache alles mögliche andere mit Rosen!

— nutze ich die maskuline Energie des Tuns, um super pragmatisch zu sein und all die Arbeit zu erledigen, E-Mails zu beantworten, mit Kolleg:innen zu sprechen und *all die Dinge* zu tun (in dem Wissen, dass meine Energielevel sinken werden, wenn ich in die nächste Phase komme).

Prä-Menstruation/Abnehmender Mond

ENERGIE: Feminin und nach innen gerichtet
SUPERKRAFT: Die Fähigkeit, Bullshit zu durchschauen

Oft gefürchtet (hauptsächlich weil die meisten von uns versuchen, im selben Tempo weiter »zu tun« wie in den ersten zwei Phasen des Zyklus), kann diese Phase potenziell sehr stark sein. Es ist eine Bewegung in das Feminine: eine Einladung, aufzuhören, so schnell zu sein und so viel zu machen, und uns stattdessen nach innen auszurichten und zu empfangen.

Wenn du es erlaubst und keinen Widerstand leistest, schafft dies eine Menge Klarheit. Es kann sein, dass du den Wunsch verspürst, zu Hause sauber zu machen oder zu dekorieren, dein Büro und dein Ordnungssystem zu organisieren, Leute und negative Situationen aus deinem Leben zu entfernen. Alles, was du unter den Teppich gekehrt hast, kommt in dieser Phase hoch. Sei gewarnt.

Um mich in der Phase der Prä-Menstruation beziehungsweise bei abnehmendem Mond gut zu versorgen,

- verabrede ich weniger Meetings und Telefongespräche – ich habe eine scharfe Zunge und bin in dieser Phase ohne Filter, da ist es für alle das Beste.

- bestelle ich Unmengen Kakao und trinke ihn entweder als heiße Schokolade mit Kokosmilch, Honig und Rosenwasser oder nibbele den ganzen Tag an einer Schokoladentafel. Egal wie, mein Schokoladenkonsum ist in dieser Phase hoch.

- schreibe ich mir Klebezettel und Nachrichten, um mich daran zu erinnern, dass ich ein guter Mensch bin, denn manchmal ist meine innere Kritikerin in dieser Phase *laut*. Ich lese mir diese Nachrichten laut vor, um mich selbst zu bestätigen.

- bewege ich meinen Körper langsam und sinnlich.

- benutze ich die teure Feuchtigkeitscrème und trage das teure Parfüm.

Menstruation/Dunkle Mondphase

ENERGIE: Feminin und nach innen gerichtet
SUPERKRAFT: Erhöhte Sensibilität und Bewusstsein für *alles*

Dies ist *die* Phase, um dich mit deiner inneren Weisheit zu verbinden. Wenn du es zulässt, ist dies jeden Monat eine Gelegenheit für tiefgehende Reflexion, eine Chance, um loszulassen, was du in deinem Leben nicht mehr brauchst oder was nicht mehr relevant ist, und um ein echtes Gefühl dafür zu bekommen, *was* wichtig und notwendig ist, um vorwärtszukommen. So kannst du, wenn du wieder in die Phase vor dem Eisprung bzw. des zunehmenden Mondes kommst, den Samen säen. Schlau, nicht wahr?

Um mich in der Phase der Menstruation beziehungsweise bei dunklem Mond gut zu versorgen,

- versuche ich, wenn bei mir wichtige Entscheidungen anstehen, sie in dieser Zeit zu treffen. Besonders wenn mich Leute auffordern, eine große Entscheidung zu treffen, sage ich: »Lass mich darüber bluten.«
- begrenze ich Telefonate oder Arbeitstreffen in den ersten Tagen dieser Phase.
- gehe ich, wenn möglich, mit den Füßen in den Schlamm oder das Meer.
- verwende ich Muskatellersalbei-Öl gegen Krämpfe.
- sage ich Nein.
- lege ich Pausen ein, um zu schlafen.
- notiere ich meine Vorhaben für den nächsten Zyklus – Arbeit, Träume, To-dos – sodass ich mich nicht überwältigt fühle, wenn ich in den nächsten Zyklus gehe.

Dies ist ein super einfacher Leitfaden. So ist es für mich stimmig; das muss aber nicht für dich so sein. Was ich brauche, muss nicht das sein, was du brauchst – also sei neugierig. In meinem Buch *Code Red* vermittle ich mehr Wissen dazu, wie man seine Phasen plant und seine Superkräfte durch zyklische Weisheit entdeckt.

WERDE NEUGIERIG

Was auch immer du tust, um deine Bedürfnisse, Wünsche und dein Begehren herauszubekommen, sorge dafür, dass es Spaß macht und spielerisch ist. Lass es einen Prozess der Freundlichkeit gegenüber dir selbst sein, während dir bewusst wird, wie es sich anfühlt, ein gänzlich versorgter Mensch zu sein und nicht einer, der konstant im Leergang läuft oder sich ausgebrannt fühlt.

Falls das Planen gemäß Mond und Menstruation nicht dein Ding ist, magst du dir vielleicht morgens die folgenden Fragen stellen, während du atmest und dich mit Herz und Bauch verbindest:

- Wen und was brauche ich in meinem Leben, damit ich mich stark, stabil und unterstützt fühle?
- Welche Leute nähren mich?
- Welches Essen sorgt dafür, dass ich mich gut fühle?
- Welche Musik oder Podcasts erfüllen mich?
- Welche Bewegungen und Übungen sorgen dafür, dass ich mich vital und lebendig fühle?

Mache dir Notizen deiner Antworten und schaue, ob du anfangen kannst, dir selbst mehr von dem zu geben, was du brauchst (und darauf zu achten, wie du reagierst, wenn du das tust). Vielleicht brauchst du jede Woche eine halbe Stunde, in der du deinen Lieblings-Podcast hörst, weil du es liebst, von genau diesen Presentern zu lernen. Was sie teilen, unterstützt dich und sorgt dafür, dass es dir gut geht. Gib dir diese Zeit. Wie fühlt es sich an? Falls kritische oder bewertende Stimmen auftauchen, wie sie es manchmal tun können, wenn wir damit anfangen, uns selbst zu nähren, besänftige sie, indem du ihnen ruhig, aber mit Autorität erklärst, was los ist und dass du es verdienst. Dies kann ein paar Anläufe brauchen, und es kann sein, dass du den Druck von etwas auf deiner To-do-Liste spürst, das sehr viel wichtiger erscheint – aber erinnere dich daran: *Du* bist wichtig.

ICH VERDIENE ES, GENÄHRT UND VERSORGT ZU SEIN.

6: SEI DEINE EIGENE AUTORITÄT

(und deine Top-Priorität)

Wenn das Leben hart oder herausfordernd wird, ergibt es absolut Sinn, dass wir andere suchen, um Unterstützung und Rat zu erhalten. Ich ziehe jeden Tag eine Karte von meinem SIErenen-Orakel-Stapel, ich schaue mir oft die Astrologie für die nächste Woche an und ich habe keine Ahnung, was ich ohne den engen Kreis meiner Lieblingsmenschen tun würde – diejenigen, mit denen ich all mein »Zeug« teile: Sie zeigen mir Perspektiven auf, sie teilen Erkenntnisse – und sie haben mich davon abgehalten, viel zu viel für eine Designer-Handtasche auszugeben (auch wenn die echt schön war)! Sie helfen mir auch dabei, wesentlich freundlicher zu mir selbst zu sein, als ich mich manchmal dazu in der Lage fühle – besonders wenn ich es vermasselt habe. Und sie geben mir liebevoll Bescheid, wenn ich etwas Dummes sage oder tue. (Nur so zur Info: Man sagt, dass wir der Durchschnitt der fünf Personen sind, mit denen wir die meiste Zeit verbringen, also sieh zu, dass du deine Zeit mit den Guten verbringst. Halte sie eng bei dir, wertschätze und liebe sie. Sehr.)

Wenn du allerdings merkst, dass du konstant auf den Rat anderer Leute wartest, und das Gefühl hast, dass du den Input anderer unbedingt *brauchst*, um überhaupt mit deiner Entscheidungsfindung beginnen zu können, wenn du denkst, dass andere es immer besser wissen als du und irgendwie Antworten haben, die dir verborgen bleiben, dann kann es sein, dass du dein eigenes inneres Wissen unterdrückst – das tief im Bauch verortete Wissen, über das wir vorher gesprochen haben. Indem du dieses Wissen ignorierst, gibst du deine eigene Handlungsmacht ab und verkleinerst dabei deine Präsenz.

DU MUSST NICHT GERETTET WERDEN.

NICHT VON EINEM RITTER IN GLÄNZENDER RÜSTUNG, NICHT VON DER REGIERUNG UND AUCH NICHT VOM NEUESTEN SPIRITUELLEN WELLNESS-GURU.

DEIN LEBEN? *DU* ENTSCHEIDEST!

Üblicherweise suchen wir Hilfe oder Bestätigung, weil wir das »Richtige« tun, Leuten gefallen und es nicht vermasseln wollen. Aber weißt du was? Du kannst es absolut nicht immer allen recht machen, und manchmal wirst du es auch vermasseln. Das bleibt nicht aus.

Egal, was du gesagt oder verkauft bekommen hast, egal wie sehr du dich bemühst, dem Archetypen des »guten Mädchens« zu entsprechen oder anderen Leuten zu gefallen, du bist die Autorität in deinem Leben. Du darfst entscheiden, was du trägst, wer du in Beziehung zu anderen bist, ob du eine Katze adoptierst, ob du die ganze Schokoladentafel isst, welchen spirituellen Pfad du einschlägst, ob du diesen Job annimmst ... Genau. *Es ist deine Wahl.*

Okay, ich werde nicht lügen: Es ist viel einfacher, nicht zu wählen. Die Verantwortung an jemand anderen abzugeben oder eine höhere Kraft oder einen Guru darum zu bitten, das Steuer in die Hand zu nehmen, ist oft eine attraktivere Idee, als tatsächlich selbst die Verantwortung zu tragen und deine eigenen Entscheidungen zu treffen. Die Sache ist, ein Großteil unserer Glaubenssätze redet uns ein, dass wir machtlos seien.

Das passiert, wenn wir denken, dass wir machtlos sind: Dann ist es unwahrscheinlicher, dass wir etwas schaffen, es ist unwahrscheinlicher, dass wir neue Ideen haben, es ist unwahrscheinlicher, dass wir aktive Gestalter:innen in der Ausformung unseres Lebens und unserer Realität sind. Stattdessen werden wir zu Zuschauer:innen, die sich zurücklehnen und beobachten, wie uns das Leben passiert.

Aber rate mal! Du bist nicht machtlos. Das ist die erste und allerwichtigste Entscheidung, die du treffen kannst: die Entscheidung, die Glaubenssätze nicht zu akzeptieren, die Geschichte, die du vielleicht erzählt bekommen hast, die dir suggeriert, dass du keine Macht hast.

Ich habe mir dieses Zitat von Dr. Clarissa Pinkola Estés, Autorin des Buches *Die Wolfsfrau – Die Kraft der weiblichen Urinstinkte*[3] an die Wand geklebt:

»Solange eine Frau glaubt, dass sie machtlos ist, solange werden ihre weiblichen Impulse und die Geschenke ihrer Psyche getilgt.«

Es erinnert mich an all die Male, wo ich mein eigenes tief verwurzeltes Bauchwissen, meine *Innen*-tuition, ignoriert und stattdessen auf andere, die Medien, die gesellschaftlichen »solltest« gehört habe, weil ich dachte, es wäre das »Richtige«. Es ist auch eine Erinnerung daran, was daraus als Konsequenz folgt.

SELBSTVERANTWORTUNG

Natürlich gibt es keine *absolute* Freiheit und unausweichlich gibt es ein paar Regeln, die wir alle befolgen müssen. Ich schreibe dieses Buch während der Pandemie im Jahr 2020. Überall auf der Welt müssen die Menschen zu Hause bleiben und dürfen aufgrund eines Virus nicht raus. Es ist eine noch nie dagewesene Situation. Maßnahmen zur Eindämmung des Virus und zur Rettung von Menschenleben dienen unser aller Sicherheit, keine Frage. Doch davon abgesehen erzählen uns viele, wie wir uns in dieser schwierigen Situation fühlen »sollten« und wie wir mit unseren Gedanken umgehen »sollten«. Doch dafür gibt es keine Patentlösung – ob wir jetzt über die Pandemie oder das Leben im Allgemeinen reden. Niemand kann wahrhaftig sagen, dass der eigene Weg der *einzig* Richtige ist. Es gibt viele Realitäten, die in jedem Moment parallel zueinander herlaufen, so viele potenzielle Wege und Möglichkeiten, die uns offen stehen. In jedem Moment hast du die Macht, in Einklang mit *deiner* Frequenz zu kommen, mit dem, was du für richtig hältst und wie du entscheidest, *dieses* Leben zu leben.

Ich weiß aus persönlicher Erfahrung, dass ein Leben in Übereinstimmung mit meinen Werten und auf meine Frequenz eingestellt bedeutet, dass ich ernsthaft Selbstverantwortung für jede Entscheidung, die ich treffe, übernehmen muss.

Ich werde nicht lügen: Selbstverantwortung kann unangenehm sein. *Verdammt* unangenehm.

Aber der Nutzen?

Oh, der ist sexy. *Sehr* sexy.

---

[3] Deutsche Ausgabe des Originalbuchtitels *Women Who Run With The Wolves.*

ICH BIN EIN KRAFTVOLLER UND SOUVERÄNER MENSCH.

EINLADUNG: DATE MIT DEM SCHICKSAL

Beginne mit einer Inventur. Klingt langweilig, ich weiß, aber es ist so verdammt hilfreich. Inventur zu machen hat nichts damit zu tun, dir oder den Entscheidungen, die du in deinem Leben getroffen hast, Schuld zuzuweisen. Es geht darum, zu wissen, wo du bist, damit du mit Kraft und Handlungsfähigkeit vorangehen kannst.

———

Mache ein Date mit dir selbst. Nimm dir mindestens eine Stunde, mache dir dein Lieblingsgetränk, bring einige Snacks, Stift und Heft mit. Nimm dir am Anfang ein paar Minuten, um eine Hand auf dein Herz und die andere auf deinen Bauch zu legen. Konzentriere dich auf dein Atmen, bringe es in Übereinstimmung mit deiner Frequenz und beantworte die folgenden Fragen:

- Welche fünf Werte sind dir am allerwichtigsten?
- Wofür stehst du?
- Woran glaubst du?
- Was entzündet ein Feuer in deinem Bauch?

Jetzt frage dich und notiere dir die Antwort: »Gibt es Veränderungen, die ich angehen muss, um in Übereinstimmung mit diesen Werten und diesem Feuer in mir zu leben?«

Wenn du gerade in Übereinstimmung mit diesen Werten lebst und absolut nichts ändern musst, dann High Five! Ich bewundere dich.

Falls es Sachen zu ändern gibt, beginne mit täglichen Mini-Ritualen und Verschiebungen und arbeite nur an einer Sache gleichzeitig.

Falls du festgestellt hast, dass du ein People Pleaser bist – hi, schön deine Bekanntschaft zu machen. Ich bin Lisa und ich bin ebenfalls ein genesender People Pleaser – ein tägliches Mikroritual kann die EINE, nicht verhandelbare Sache sein, die nur für dich ist. Verbringe eine halbe Stunde mit einem Buch im Bett. Kaufe dir am Freitag (am Venus-Tag) Blumen. Mache dir eine Tasse Tee und deinen Morgen-Stretch, bevor der Rest des Hauses aufsteht. Mach es nicht zu kompliziert. Ein Mikroritual ist einfach etwas, das dich ehren und dabei unterstützen soll, in Übereinstimmung mit deinen Werten zu leben.

Ich mache diese Inventur an jedem Neumond – der Neumond unterstützt die Herz- und Bauch-gesteuerten Zielsetzungen – und meistens bleiben meine Antworten dieselben. Aber ein regelmäßiger Check erlaubt Fluidität und Flexibilität und hilft mir, wachsam auf all die Stellen zu blicken, an denen ich meine Macht abgebe, in den »Pleaser«-Modus falle und nachgiebig werde, weil es einfacher ist, als sich selbst treu zu bleiben. Mach dich nicht fertig. Das passiert. Hab ich's schon erwähnt? Es ist ein Prozess.

DU BIST GENUG, UND ES IST DEIN RECHT, DICH GUT ZU FÜHLEN.

KENNE DEINEN WERT

»Wenn du ›Ja‹ zu anderen sagst, stelle sicher, dass du nicht ›Nein‹ zu dir selbst sagst.« – Paulo Coelho

Es ist noch gar nicht so lange her, dass mich die Vorstellung, unverhandelbare Grenzen in Übereinstimmung mit meinen Werten und Überzeugungen zu setzen, in die Flucht getrieben hätte. Ich hätte eher meine eigenen Fußnägel gekaut, als jemandem Nein zu sagen. Ich hätte mich egoistisch und schuldig gefühlt, oder ich wäre die ganze Nacht über wach gelegen und hätte darüber gegrübelt, was ich gesagt habe und wie ich es gesagt habe und ob ich damit vielleicht jemanden verletzt habe.

Hast du dich je ähnlich gefühlt?

Ich weiß, dass die Menschen dich ganz genauso behandeln werden, wie du es sie lehrst – und das wiederum hängt davon ab, wie »genug« du dich fühlst. Wenn du eine starke Liebe und Respekt für dich selbst empfindest, dann ist dein Selbstwert hoch. Du wirst instinktiv wissen, was akzeptabel (und was absolut inakzeptabel) ist und du wirst die notwendigen Grenzen ziehen. Wenn du negativ mit dir selbst bist und dich unwürdig fühlst, dir die Schuld gibst und dich für Dinge schämst, die du vielleicht oder auch nicht gemacht hast, wenn du gelernt hast, dass dein Wert davon abhängt, wie sehr du anderen gefällst oder sie milde stimmst, dann ist dein Selbstwert niedrig. Grenzen zu setzen wird sich schwierig und komisch anfühlen und für ein Schaudern sorgen.

Dein Selbstwert ist etwas, das *du* bestimmst.

Wenn dir bewusst ist, wo in deinem Leben du dich auf Dinge einlässt, mit denen du nicht glücklich bist, oder wo du das Leben einfach nur erträgst, statt es zu lieben und zu genießen, dann kannst du sehen, wo du starke und unterstützende Grenzen ziehen musst. Nur damit du es weißt: Es ist dein Recht, und du verdienst es unbedingt, dich gut zu fühlen und in Übereinstimmung mit deinem Herzen und deinem Bauchgefühl zu leben.

GRENZEN SETZEN

Gesunde, nicht verhandelbare Grenzen zu setzen und, noch wichtiger, auf ihre Einhaltung zu achten ist eine gelebte Übung, die von dir verlangt, dass du an die erfüllteste Vision deines Lebens glaubst und ihr traust.

Wieso brauchen wir diese Grenzen?

Hauptsächlich damit unsere Bedürfnisse nicht unter einem Berg vermeintlicher oder realer Verpflichtungen untergehen.

Für mich war es super schwierig, Grenzen zu setzen, weil ich dachte, ich würde andere Leute dadurch enttäuschen. Das ist wirklich das Schlimmste. Wenn meine Mutter früher, als ich ein Kind war, gesagt hat, dass sie von mir enttäuscht sei, war das wie ein Schlag in die Magengrube. Mit ein bisschen Psychotherapie habe ich gelernt – und das ist wirklich Gold wert, also schreib mit –, dass Leute dann enttäuscht sind, wenn sie *irgendwelche* Erwartungen an dich haben, wer oder was du sein sollst, und du das nicht erfüllst.

Ich weiß, das ist eine echte Wahrheitsbombe, oder?

Wenn du ständig versuchst, die notwendigen Anforderungen zu erfüllen, um den Erwartungen anderer zu entsprechen, dann wird es erstens verdammt anstrengend, denn – das ist zweitens – es gibt knapp acht Milliarden Menschen auf diesem Planeten, und sie haben alle unterschiedliche Erwartungen. Du wirst also auf jeden Fall jemanden enttäuschen. Du kennst bestimmt den Spruch »Du kannst nicht jedem jederzeit gefallen«, oder? Der ist nie wahrer, als wenn wir versuchen, die Erwartungen anderer Leute an uns zu erfüllen – ihre ausgedachte Version von uns, basierend auf ihren Gedanken, Werten und Überzeugungen, nicht unseren.

Es kann hilfreich sein, sich zu fragen: »Was steht dem im Weg, dass ich mir selbst klare Grenzen setze?« Bist du besorgt, dass die Leute dich für unhöflich oder nicht für einen »netten, guten« Menschen halten werden? Hast du vielleicht Angst, dass dich die Leute einfach nicht mögen werden?

»*Deine Grenze muss kein wütender elektrischer Zaun sein, der diejenigen, die ihn berühren, schockt. Sie kann ein beständiges Licht um dich herum sein, das deutlich macht:* ›*Ich werde mit Ehrfurcht behandelt.*‹« – Jaiya John

Grenzen geben dir ein Gefühl von Kraft und Handlungsfähigkeit bezüglich deiner eigenen Erfahrungen zurück. Sie verkünden, was deine Werte sind und wie Leute dich ansprechen und mit dir kommunizieren können. Sie schaffen ein Gefühl von Sicherheit für alle. Ich habe mir immer Sorgen gemacht, dass die Leute denken würden, ich sei aggressiv oder ein bisschen verärgert, wenn ich Grenzen setze. Ich verstehe jetzt, dass die meisten Menschen eigentlich mit Klarheit ziemlich gut umgehen können. Je klarer ich bin, was für mich akzeptabel ist und was nicht, desto einfacher ist es für andere, auf mich zu reagieren und mit mir zu interagieren.

Zum Beispiel, wenn ich auf eine Party eingeladen werde und in meiner prä-menstruellen Phase bin, werde ich die Person, die mich eingeladen hat, darüber informieren, dass ich begrenzte Energie habe und nur für eine Stunde kommen kann. Wenn das für sie nicht in Ordnung ist, gehe ich gar nicht. Ganz einfach.

Genauso nehme ich keine Anrufe vor 10 Uhr morgens an, weil ich ein Morgenmensch bin und die Zeit zwischen 5.30 und 10.00 Uhr *meine* Zeit ist. Manchmal nutze ich diese Zeit, um zu lesen, manchmal schreibe ich, manchmal bewege ich meinen Körper, manchmal tanze ich. Aber ehrlich gesagt, *was* ich mache, ist irrelevant. Wichtig ist, ich werde *nicht* vor 10 Uhr mit dir reden.

Je mehr ich übe, Grenzen zu setzen, die mich unterstützen, desto einfacher wird es, diese Grenzen anderen klar und ohne Entschuldigung zu kommunizieren und ein Leben zu leben, das meins ist – ganz kühn zu meinen Bedingungen.

EINLADUNG ZUM AUFLADEN DER BATTERIEN

Falls du aus irgendeinem Grund Schwierigkeiten damit hast, deine Kraft zu spüren und Grenzen zu setzen, die deine Entscheidungen im Leben unterstützen, dann lass diese Übung eine Powerbank für dein System sein, mit der du dir deine Kraft und Autonomie zurückrufst.

Stell dich mit beiden Beinen auf den Boden. Deine Knie sind locker gebeugt und nicht angespannt.

Lege beide Hände auf die Stelle ungefähr fünf Zentimeter unter deinem Bauchnabel.

Atme tief in die Stelle unter den Innenflächen deiner Hände. Mache dies ein paar Atemzüge lang, fühle dich anwesend und in deinem Körper.

Dann atme ein, halte den Atem tief in deinem Bauch und sage dir »Ich rufe jetzt meine Kraft zurück«. Dann atme aus und lass allen Widerstand diesem Satz oder der Übung gegenüber los.

Mache dies fünf Mal und erlaube dir mit jedem Einatmen wirklich zu spüren, wie deine Kraft und Autonomie in deinen Körper zurückkehrt.

ICH RUFE MEINE KRAFT ZURÜCK. JETZT.

HELL YES, FUCK NO

Es gibt eine Theorie von einem Typ namens Derek Sivers, die besagt, dass wenn du eine Entscheidung treffen musst und deine Antwort lautet nicht »hell yes«, dann ist es eigentlich ein »fuck no«.

Doch die meisten Entscheidungen im Leben sind ein bisschen komplexer als das: Es können andere Leute involviert sein, es kann finanzielle Auswirkungen haben und, wenn wir nicht komplett in unseren Körpern anwesend sind, kann unser *hell yes* oder *fuck no* auch von Vermeidung oder Destruktion herrühren. Nicht gut.

Ich habe schon mal erwähnt, dass ich bei großen Entscheidungen mit den Phasen meines Zyklus arbeite und »darüber blute«. Ich verstehe, dass das komisch klingen mag, und auch wenn es wissenschaftlich bewiesen ist, dass Frauen gesündere Entscheidungen für sich treffen, wenn sie bluten, ist es für mich hauptsächlich eine super praktische Übung, mir mehr Entscheidungszeit zu erkaufen.

Ich kenne meinen Körper gut genug, um seine Antworten zu verstehen. Wenn ich eine Entscheidung zu treffen habe und die Antwort meines Körpers ist nicht saftig und warm und aufgeregt – so fühlt sich übrigens mein *hell yes* an –, dann weiß ich letzten Endes, dass es ein *fuck no* ist. Aber das war nicht immer so.

Viele von uns, besonders Frauen, haben so viel Zeit damit verbracht, unser *Ja* und *Nein* zu verändern, um anderen zu gefallen, dass wir unsere eigenen körperlichen Empfindungen ignorieren.

Wenn du je Ja gesagt hast, wo du eigentlich Nein sagen solltest – und ich habe das *wesentlich* öfter getan, als ich es gerne zugeben möchte –, ob im Schlafzimmer, auf der Arbeit, gegenüber Freund:innen oder der Familie –, mach dir bewusst, dass es vermutlich an einer tief verwurzelten Überlebensprogrammierung liegt, dass wir geliebt werden möchten und sicher sein wollen, um zu überleben. Seien wir ehrlich, es fühlt sich viel sicherer an, als das »Ja-Mädchen« gesehen und erlebt zu werden, denn als die souveräne, mit Ressourcen ausgestattete Frau, die fühlt, durch Intuition weiß, die IN ihrem Körper und IN ihrer Kraft zu Hause ist, oder? Aber diese Sicherheit ist nur eine wahrgenommene. Die wirkliche Sicherheit finden und fühlen wir, wenn wir uns selbst ehren, unsere Kraft zurückrufen und unseren Körpern trauen.

Spoiler-Warnung: Du *weißt*, was du willst.

EINLADUNG: FRAGE DEIN GANZES KÖRPERSYSTEM

Wenn du eine wichtige Entscheidung zu treffen hast und du traust deinem *hell yes* und *fuck no* noch nicht, probier mal diese Übung aus.

Beginne mit der Powerbank-Übung von Seite 116. Erlaube dir anschließend ein paar Minuten einfach nur zu atmen, ruhig und in deinem Körper zu sein.

Jetzt lege eine Hand auf dein Herz und stelle deine Frage. *Fühle* und höre die Antwort.

Lege eine Hand auf deinen Bauch und stelle deine Frage. *Fühle* und höre die Antwort.

Lege zum Schluss eine Hand auf deine Stirn und stelle deine Frage. *Fühle* und höre die Antwort.

Wie hast du dich gefühlt und was hast du womöglich gehört oder gesehen?

Manche Leute sehen Bilder, andere hören ihr *Ja* oder *Nein* als richtige Stimme, während wieder andere körperliche Empfindungen spüren, wie ein Frösteln, Hitze, einen Schauer, Schwere oder Leichtigkeit. Notiere dir jede einzelne Reaktion und lasse deinen ganzen Körper, dein Herz, deinen Bauch und deinen Kopf, auf deine Frage reagieren und wisse, dass wenn du eine Entscheidung getroffen hast, es die richtige sein wird.

Also, dem Bewusstsein deines Körpers zu vertrauen heißt nicht, dass schwierige Situationen verschwinden oder du nicht auch wieder herausfordernde Entscheidungen treffen musst – denn das wirst du. Aber wenn du dich auf deinen Körper einstellst und liest und erkennst, was deine körperlichen Sinneseindrücke dir zu sagen versuchen, dann entwickelt sich ein Vertrauen und Verständnis, dass es okay ist, zu ehren, was dein Körper möchte.

Zur Info: Es ist okay, »Nein« zu sagen

Du kannst würdevoll Nein sagen, ohne jemanden zu verletzen, während du gleichzeitig komplett in deiner Kraft bleibst.
Das *ist* möglich. Ich verspreche es.

——— »Vielen Dank, aber das klappt bei mir gerade nicht.«

——— »Ich bin gerade sehr busy, aber wirklich dankbar, dass du an mich gedacht hast.«

——— »Es klingt gut, aber nein, danke.«

——— »Nein, ich schaffe es nicht, aber danke für die Einladung.«

Ansonsten ist »Nein« auch ein vollständiger Satz.

WERDE DEINE EIGENE 1A-PRIORITÄT

Du trägst als Einzige Verantwortung dafür, dass du dich würdig, wertgeschätzt, geliebt, glücklich und ganz fühlst.

Lass dich von dieser Verantwortung nicht stressen. (Falls es sich so anfühlt, überprüfe, ob es nicht an unrealistischen äußeren Referenzen vom richtigen Du-Sein liegt.) Lass die Verantwortung dich lieber daran erinnern, wer du bist, für welche Werte du stehst und welche persönliche Kraft du hast – und mit Kraft meine ich Nahrung und kreative Kraft, nicht egozentrische, kontrollierende und kompetitive Kraft. Lass sie dich daran erinnern, wie viel besser das Leben ist, wenn du über deine Zeit und Energie auf der Grundlage deiner eigenen Frequenz und inneren Weisheit entscheidest, nicht aufgrund der Bewertung und Anerkennung anderer.

Das Lustige daran: Je mehr du dich selbst priorisierst, deine eigenen Bedürfnisse erfüllst, desto magnetischer wirst du und desto mehr Komplimente bekommst du. Genau, je weniger du die Bewertung und Anerkennung anderer brauchst, desto mehr bekommst du sie.

Mein Mantra? *Ich bin nicht auf Komplimente angewiesen, um mich gut und wertvoll zu fühlen, aber ich nehme sie mit offenem Herzen an.*

ANMERKUNG: Wenn ich über Selbstvertrauen und Verantwortung für dich selbst rede, ist mir bewusst, welch komplexe und wunderschöne Sache das ist. Ich verstehe das. Wir haben uns so davon entwöhnt, die Antworten in uns zu finden, dass sich unsere innere Stimme trügerisch anhören kann. Also sei bitte geduldig mit dir. Ja, kann sein, dass es Zeit braucht, es ist ja auch ein Prozess. Und ja, womöglich wendest du dich für Hilfe auch an andere – wenn nötig solltest du das auf jeden Fall tun. Aber zurück zu deinem Körper zu kommen, Verantwortung für dich selbst zu übernehmen, zu erkennen, dass du Kraft und Handlungsmacht besitzt für deine Entscheidungen, die Grenzen, die du setzt, und wie du dich in deinem Leben zeigst, das ist wirklich sehr kraftvoll.

DU BIST KRAFTVOLL.

DRITTER TEIL: PRÄSENT

7: ZEIG DICH

Ganz so, wie du bist

Ich bin eine introvertierte Extrovertierte. Das gibt's: Du kannst es googeln.

Ich werde gerne gesehen, ich gehe gerne auf lustige Partys, ich trage gerne Leopardenmuster, ich lache richtig laut, ich bin ein riesiger Fan knallpinker Lippen- und Nagelkombos *und* ich liebe es, zu Hause zu bleiben, nicht mit Leuten zu reden, ein Buch zu lesen, mein Handy tagelang nicht anzuschalten, Worte zu schreiben, die vielleicht gelesen werden, vielleicht aber auch nicht, und Kuchen zu essen.

Dies sind nur ein paar vereinfachte, trotzdem wahre und real widersprüchliche Ausdrücke von mir (es gibt noch viele, viele weitere). Wie viel Schlaf ich hatte, wer du bist, was du von mir willst, wo der Mond steht, wie gut ich dich kenne, wie sehr ich dich *mag*, wie viel Energie ich habe und ob es bei der oben erwähnten Party[4] was zu essen gibt – das sind nur ein paar der Dinge, die das Volumen und den Ausdruck meiner Präsenz bestimmen.

Ich sage dies ohne Entschuldigung und mit null Schuldgefühlen, weil ... ja, du hast es erraten: *Ich kenne mich*. Früher habe ich immer gegen mich und meine innewohnende Weisheit gearbeitet. Ich habe redigiert und zensiert, wie ich mich ausgedrückt habe: die Kleidung, die ich getragen, die Handlungen, die ich unternommen, was und wie ich etwas gesagt habe. Ich war immer nur eine »Version« meiner selbst, die ich kaum erkannt habe.

---

[4] Erschreckend, aber wahr: Es gibt Leute, die Partys *ohne* Essen veranstalten. Diese Leute sind nichts für mich.

ANGST UND BLOSSSTELLUNG

Wieso zeigen sich so viele von uns nicht, wie sie sind?

Aus Angst.

Nie war es einfacher für uns, eine Stimme zu haben, dank all der Social-Media-Plattformen, die uns zur Verfügung stehen – doch unsere Wahrheit, Meinungen und Gedanken mit der Welt zu teilen kann uns das Gefühl geben, bloßgestellt, verletzlich und offen für Beurteilung, Shaming und Fehlinterpretation zu sein. In einem Interview mit *Grazia* enthüllte die Köchin und Food-Autorin Gizzi Erskine, dass sie manchmal zensiert, was sie auf Social Media sagt, und Jameela Jamil teilte den folgenden Instagram-Post: »Wenn eine Frau hervortritt und ihre Meinung sagt, wird sie aus dem Kontext gerissen und zwanghaft überbelichtet, ihr Ton wird von den Medien aufgebauscht, um hysterisch und gewaltvoll zu wirken, ihre Integrität wird infrage gestellt und die Gesellschaft versucht sie zu verleumden. Jedes einzelne Mal.«

Schuld und Scham sind wesentliche Akteure im patriarchalen Spielbuch. Sie werden mit gesellschaftlicher Hypnose in unsere Geschichten gewebt und sehr effektiv benutzt, um Menschen, besonders Frauen, zu manipulieren, auf bestimmte Art und Weise zu denken, sich zu verhalten und darzustellen. Dies wird nirgendwo sichtbarer als auf Social Media.

Ich bin keine, die immer nur das Schlechte sieht, glaub mir. Wenn wir wissen, wie die kulturelle Landschaft für so viele von uns aussieht, können wir die Quelle von »Angst« erkennen, sie anerkennen und uns dann versorgen und das kultivieren, was wir brauchen, um uns zu navigieren, zu handeln und uns dabei zu zeigen. Denn wie auch immer wir wählen, es zu tun, wir *werden* uns zeigen. (Und wir werden wirklich all das Mitgefühl brauchen, das wir in Kapitel 1 kultiviert haben: sowohl für uns selbst, während wir diesen sicheren Ort schaffen, den wir brauchen, um uns wirklich auszudrücken; als auch für andere, inklusive solchen – und das ist der wirklich schwierige Teil –, die denken, dass es okay ist, die Gedanken und den Ausdruck anderer zu beschämen, zu kontrollieren oder zu verurteilen.)

EINLADUNG: WAS HÄLT DICH ZURÜCK?

Also, diese Übung kann sich ein bisschen schmerzhaft anfühlen und vielleicht möchtest du sie überspringen und zu etwas anderem weitergehen, das sich nach mehr Spaß anfühlt. Aber wenn die Vorstellung, dich zu zeigen, dafür sorgt, dass du dich wie eine Betrügerin fühlst, wenn sich dein wahrer Ausdruck erstickt und abgewürgt anfühlt und du immer nur eine verwässerte Version deiner selbst zeigst, dann wird es Zeit. Dann müssen wir ... *da* durch.

Verbinde dich mit deinem Atem. Sitze aufrecht mit beiden Füßen auf dem Boden. Rolle deine Schultern drei Mal nach hinten und senke deinen Blick.

Jetzt stelle deinem Körper die folgenden Fragen:

- Wann beiße ich mir auf die Zunge und sage nicht, was ich eigentlich denke?
- Wieso ist das so?
- Mache ich das bei bestimmten Leuten und in bestimmten Situationen häufiger?

Schau als Erstes, ob irgendwelche Gefühle hochkommen, wenn du dir diese Fragen stellst. Lokalisiere sie in deinem Körper und notiere deine Antworten. Noch mal, du trägst einfach nur Informationen zusammen und wirst neugierig, was deine Erfahrungen betrifft. Stelle dir noch ein paar weitere Fragen:

- Hat es eine Zeit gegeben, in der es sich für mich unsicher angefühlt hat, gesehen zu werden?
- Wieso war das so?

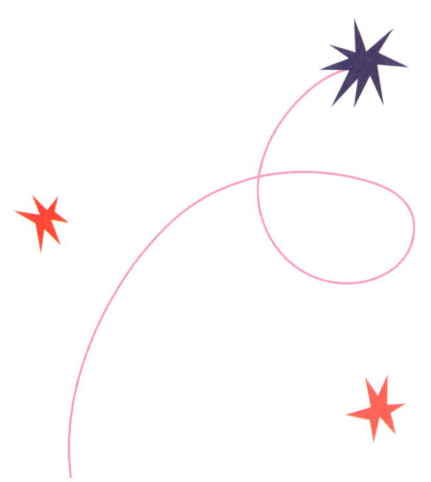

Fühle nochmals die Reaktionen in deinem Körper und schreibe deine Antworten auf.

Vielleicht hast du in der Vergangenheit eine Konfrontation erlebt und dir geschworen, dich nie wieder in eine solche Situation zu bringen. Vielleicht hat man dir die Schuld für etwas gegeben, das du nicht getan hast, dich öffentlich beschämt für etwas, das du gesagt oder getan hast, oder dich angeklagt, etwas gesagt zu haben, das missverstanden und völlig aus dem Kontext gerissen wurde.

Was auch immer deine Erfahrungen waren, es ist wichtig, die Reaktionen in deinem Körper zu verorten, zusammen mit den Geschichten und Gefühlen, die du damit verbunden hast, und dich zu fragen: Soll diese Geschichte mich weiterhin davon abhalten, ein ausgefülltes Leben zu führen?

Schlinge jetzt bitte deine Arme um dich und umarme dich fest. Während du dich drückst, lokalisiere die Orte in deinem Körper, wo diese Geschichten leben, und schicke ihnen die größte Liebe. Danke ihnen, dass sie dich beschützen, und bitte sie, während du die Umarmung löst, dass sie ihren Griff lockern, nur ein kleines bisschen, sodass du anfangen kannst, eine andere Möglichkeit in Betracht zu ziehen. Eine, bei der du dein glorreiches *Du* lebst und dich ausdrückst.

ICH BIN ES WERT, RAUM EINZU-NEHMEN.

DAS BESTE SELBST GEGEN DAS REALE SELBST

So viele von uns versuchen die ganze Zeit, die »beste« Version unserer selbst zu sein, versuchen, uns als »diese« Art von Person in unseren Social-Media-Feeds darzustellen, oder als jener Typ Draufgänger im Büro. Aber wie wäre es, wenn wir das alles sein ließen?

Was, wenn du all die Arten, wie du dich zeigen »solltest«, fallen ließest? Was, wenn du damit aufhören würdest, wie die Vision von perfekt/professionell/gut/richtig von jemand anderem auszusehen, und stattdessen ausdrücken würdest, wer *du* bist?

Deine Gedanken. *Deine* Kunst. *Deine* Worte. *Deine* Energie.

Schau, du brauchst keine 80er-Jahre-Madonna mit »Express Yourself« abzuziehen (wobei, schau dir das Musikvideo *unbedingt* an, denn ehrlich, Madonna kann nie *nicht* eine Schule des Selbstausdrucks sein). Du musst nicht Krach, Energie und ein stets singender, tanzender Farbaufstand sein, um du selbst in deinem wahrsten Ausdruck zu sein. Das ist absolut *nicht* der Punkt.

Also, was ist dann der Punkt?

In einer Welt, in der du darauf konditioniert worden bist, Angst zu haben, dein wahres Selbst zu zeigen, einer Welt, wo du dich vielleicht von anderen verurteilt fühlst, deine wahrste Natur auszudrücken, ist der Punkt folgender: Lass jedes Wort, jede Handlung und alles, was du schaffst, den echtesten und wahrsten Ausdruck deiner selbst in diesem Moment sein.

KEIN VERGLEICHEN, VIEL MITGEFÜHL

Okay, hier kommt eine Warnung: Im Leben und definitiv auf Social Media sind die Leute immer schnell dabei zu urteilen, eine Meinung zu haben und dir zu sagen, wie du in Erscheinung treten solltest. Vermutlich wusstest du das schon.

Und die Wahrheit ist, wir waren vermutlich auch alle schon mal urteilend anderen gegenüber. Haben wir unsere Erfahrungen mit ihren On-Screen-Highlights verglichen? Ich hab das definitiv gemacht. Was ich bemerkt habe, ist, dass Vergleiche und Wettbewerb dich in einem Zustand von Angst und Spaltung halten – und das verringert deine Frequenz und Anwesenheit in dieser Welt.

Also lasst uns damit aufhören, einander so harsch zu kontrollieren und zu verurteilen. Wir ändern uns beständig, sind chaotische und wunderbare Menschen, was bedeutet, dass sich unsere Gedanken, Meinungen und Ausdrücke auch beständig ändern. Lasst uns Raum schaffen für Wachstum, für mehr als eine Realität, für Möglichkeit und Meinung. Lasst uns vereinbaren, dass wir nicht übereinstimmen werden, lasst uns offen dafür sein, unsere Meinung zu ändern.

Bitte, im Namen all der fantastischen Dinge, lass nie irgendjemanden dir sagen, wie du auftreten sollst – und erzähle auch nie anderen, wie sie das tun sollten. *Du*, zu *deinen* Bedingungen, in Ordnung?

SICH DER WELT AUF EINE ART ZU ZEIGEN, DIE SICH ECHT UND RICHTIG ANFÜHLT, IST MUTIG.

ES IST AUCH ABSOLUT VERDAMMT NOTWENDIG.

DAS ECHTE FÜHLEN

Authentizität ist auch so ein überstrapaziertes Wort, das normalerweise gerne von Leuten benutzt wird, die dir erzählen wollen, dass du *authentischer* sein sollst. Ha! Das finde ich immer total komisch, denn Authentizität kann nicht von jemand anderem unterrichtet oder kultiviert werden: *du* bist es, offen gezeigt, aufgedeckt, wieder entdeckt und dann gänzlich gefeiert.

Was sich für dich echt anfühlt, wird deiner Präsenz immer Kraft geben, auf eine Art, die das Kopieren des Verhaltens anderer *niemals* erreichen kann.

Für manche bringt das echte Fühlen eine große Verletzlichkeit und Offenheit mit. Für andere bedeutet es, wirklich privat zu sein. Beides ist völlig legitim.

Auf das zu antworten, was sich echt anfühlt, ist ein High Five und ein tiefes vertrauendes Verbeugen vor deiner inneren Weisheit. FYI: Seine Urteilskraft dahingehend zu schärfen, was du dich entscheidest zu teilen und wie du es mit der Welt teilst, ob in Gesprächen mit anderen oder auf Social Media, das ist kein Redigieren oder Zensieren. Es ist ein In-sich-hinein-Fühlen, was sich in diesem Moment echt anfühlt, und sich dann dementsprechend zu verhalten (nicht zu reagieren). DU hast die Wahl.

Wie bei den meisten Dingen, die ich in diesem Buch geteilt habe, gibt es nicht *den einen* Weg, authentisch zu sein.

Wenn du präsent bist, in Übereinstimmung mit der Ganzheit dessen, was dich ausmacht, in all deinen Teilen, dann ist deine Anwesenheit authentisch angetrieben. Es geht nicht darum, die *beste* Version von dir selbst zu sein oder dein bestes Leben zu leben. Es geht darum, die totale Handlungsmacht über die Entscheidungen zu haben, die du triffst: wie du dich nährst und für dich sorgst, wie du deine Zeit und Energie nutzen möchtest und wie du deine Realität deprogrammierst, reprogrammierst und deine eigene Realität schaffst, indem du DICH auswählst. Immer und immer wieder.

SCHAFFE DEINE EIGENE REALITÄT

Du kannst deine größten und kühnsten Träume, die in dir existieren, realisieren. Deswegen bist du hier. In der Theorie großartig, nicht wahr? Auch ein Statement für einen wirklich guten Social-Media-Post. Aber *wie* erreichst du das?

Du gestehst dir die großen Träume ein.
Du akzeptierst, dass du es wert bist und es verdienst,
dass dir gute Sachen passieren.
Du schaffst dir Potenzial und Raum, um … zu schaffen.

Ich bin im sozialen Wohnungsbau aufgewachsen und Leute wie mich hat man nicht ermuntert zu träumen. Wir wurden eher entmuntert. Aber ich habe gelernt, die Regeln zu brechen, wenn es um Erwartungen an mich geht. Ich habe meine eigenen Regeln geschaffen. Und jemand wie ich ist es so was von wert und verdient ALL das, was sie sich erträumt: Buchverträge, einen heißen Wikinger-Ehemann, einen kleinen, aber gewaltigen Freundeskreis, der sich gegenseitig hochzieht (und Käse isst und viel zusammen lacht), Arbeitsaufenthalte in L.A., Menschen, die meine Kunst und meine Orakelkarten mögen, eine Community, die ich liebe und bewundere und die mich inspiriert, einen Garten, in dem ich Kräuter, Früchte und Gemüse ziehe. Und ich habe meine eigene Realität geschaffen, in der ich in enger Verbindung und Verbundenheit mit Mutter Erde und meiner zyklischen Natur lebe. Die Leute dachten, es wäre radikal und irre anders von mir, mein Leben auf diese Art anzugehen – nur dass es das nicht war. Nicht wirklich. Es bedeutet einfach nur, dass ich mich wähle. *Jedes Mal.*

Ich mache eine Arbeit, die mich erhellt, und tolle Kund:innen anzieht. Ich gestehe mir meine Talente ein und teile sie so, dass es sich gut, echt und umfassend für mich anfühlt. Ich organisiere meine Meetings, Reisen und Verabredungen so, dass ich gemäß meinem Zyklus ruhe, arbeite, schaffe und spiele.

Du kannst das auch. Du musst dein Leben nicht in totaler Übereinstimmung mit dem Mond oder deinem Menstruationszyklus leben (auch wenn ich es von ganzem Herzen empfehlen kann). Aber wenn du weißt, dass du nicht einfach eine vorgeschriebene Realität befolgst, dann darfst du dir dein eigenes Abenteuer schaffen. Es ist keine Formel, es ist ein *Wissen*.

DU BIST DIE SCHÖPFERIN DEINER EIGENEN REALITÄT.

DU HAST ZWEI MÖGLICHKEITEN:

DU KANNST DAS LEBEN PASSIEREN LASSEN

ODER

DU KANNST MAGIE SCHAFFEN.

BITTE ENTSCHEIDE DICH FÜR DIE MAGIE.

Ein tief im Bauch verwurzeltes Wissen, das besagt: Du bist es wert.

— Du bist es wert, dich auszudrücken und dein Leben in vollen Zügen zu genießen.

— Du bist es wert, dieses Leben mit Leuten und Liebenden zu verbringen, die dich zum Strahlen bringen, und du musst dich nicht auf eine bestimmte Art benehmen, um *sie* glücklich zu machen.

— Du bist es wert, eine Arbeit zu machen, die du liebst und bei der du gut für deine Zeit, Energie, Weisheit und Erfahrung bezahlt wirst.

Wie sieht *deine* Realität aus?

Schaffst du gerade deine eigene Realität? Sind die Gedanken, Meinungen oder die Sprache, die du benutzt, deine oder die, die dir vorgegeben werden und die du dann als Wahrheit akzeptierst?

Deine eigene Realität zu schaffen beinhaltet,

— dass du weißt, wer du bist.

— dass du deine Werte kennst.

— dass du in deiner Frequenz und deinen Gefühlen bleibst, so viel wie du kannst.

— dass du dein Immunsystem stark hältst.

— dass du deine Selbstliebe hoch hältst.

Welche Entscheidungen kannst du treffen, um die Kontrolle über *deine* Realität zurückzubekommen?

EINLADUNG: WERDE CREATRIX

Wenn du dich dafür entscheidest, Magie zu erschaffen, akzeptierst du, dass du eine Creatrix, eine Schöpferin, bist, und wenn du das akzeptierst, IST ALLES MÖGLICH. Nimm dir eine halbe Stunde für diese Übung.

Mach es dir gemütlich und verbinde dich mit deinem Atem. Während du die folgenden Worte liest, *fühle*, wie sie sich durch deinen Körper bewegen.

Stell dir eine leidenschaftliche Farbfilmversion deines Lebens vor und wie du es in vollen Zügen genießt. Wo bist du? Was machst du? Wie fühlt es sich an? Wo fühlst du es in deinem Körper? Welche Klänge kannst du hören? Sei so detailliert, wie es nur geht.

Ein mit allen Sinnen erlebtes Leben, durch Farbe, Klang etc. ist das Wichtigste. Ein Leben, wo du in der universalen kosmischen Disco (Yep, die gibt's definitiv) tanzt und flirtest.

Schließe deine Augen, komm runter und in deinen Körper und erlaube allen Farben, Gefühlen, Gedanken und Träumen, sich durch deinen Körper zu bewegen.

Jetzt tanze, singe, rappe, feiere, sprich, schaffe Kunst oder lass deine Hüften kreisen – was immer sich für dich richtig anfühlt – als Antwort auf diese leidenschaftliche Farbfilmversion. Erlaube ihr, in und mit dir zu leben.

Das Moodboard

Jedes Mal, wenn ich die Creatrix-Übung mache, antworte ich auf meine Farbfilmversion mit einem Moodboard. Wenn ich ein Buch schreibe, erstelle ich ein Moodboard. Wenn ich Liebe in mein Leben rufen will, mache ich ein Moodboard. (Yep, es gab auch eins für meinen Wikinger-Mann.) Das Ausschneiden von Bildern, das Finden der richtigen Worte und Farben und sie zusammenzukleben, um meine Vision zu unterstützen, hilft mir extrem. Es gibt die verschiedensten Meinungen zum Thema Moodboard/Visionboard, aber mir helfen sie definitiv, meine Träume und Visionen zum Leben zu bringen. Ausschneiden und Kleben ist dir zu oldschool? Schreib ein Gedicht oder einen Song, singe deine Vision oder mach sie zu einem täglichen Tanz.

MACH DEINE EIGENE ART VON MUSIK

Deine Kreativität interessiert sich nicht dafür, was jemand anderes »denkt«. Sie interessiert sich nicht dafür, ob sie Chaos stiftet oder wie wohl du dich grade fühlst. Deine Kreativität ist dein immer brennendes inneres Feuer, der Impuls, der mehr als alles andere möchte, dass du aufhörst, in Angst zu leben, und stattdessen in täglicher Hingabe an deine Werte, deine Gefühle, deine Begabungen und Talente, indem du sie ausdrückst, sodass sie gesehen, gehört und bezeugt werden.

Ein Leben, das du lebst, ohne dass du dich selbst ausdrückst – deinen Ärger, deine Trauer, deine Freude, deine Kunst, deine Gedanken, deine Meinungen, deine Lieder, deine Wahrheit, deine Begabungen und Talente –, wird dir Schmerzen verursachen, psychische und körperliche. Falls du bis jetzt ein unausgedrücktes Leben geführt hast, sollst du wissen, dass du die Fähigkeit dazu hast – und tief in dir drin auch den Mut –, diesen Schmerz in Kraft zu verwandeln.

Meine poetische Liebe war und wird für immer Rumi sein. Er gab all seine schicken Titel und Errungenschaften auf, um ein andächtiger Derwisch-Sufi-Meister zu werden. Ich finde diesen Typ so toll, der bereit ist, für seine Überzeugungen gegen den Strom zu schwimmen. Das ist so heiß!

Seine Worte gehen heute, Jahrhunderte später, immer noch jedem, der sie hört oder liest, direkt ins Herz. Rumi hat mal gesagt: »Deine Aufgabe ist nicht, Liebe zu suchen, sondern nur all die Hindernisse zu suchen und zu finden, die du in dir gegen sie aufgebaut hast.« Er war grundsätzlich der Überzeugung, dass *deine* einzige Verpflichtung als Mensch darin besteht, zu erkennen, was sich durch dich ausdrücken will, und dann all die Hindernisse zu entfernen, die dir im Weg stehen, um dich auszudrücken.

Also sei bereit,

—— »anders« zu sein, als andere es von dir erwarten oder akzeptieren.

—— mit dem Versuch aufzuhören, »gut« und »richtig« zu sein.

—— gehört zu werden.

—— und trau dich, mit deiner Stimme, deinen Worten, deinen Träumen und Idealen Raum einzunehmen.

Ein Mensch, der sich vollständig ausdrückt, ist meine Lieblingsart von Mensch. Wir sind die Gamechanger und sorgen für Paradigmenwechsel.

Für einige äußert sich der vollständige Ausdruck in Aktivismus. Für einige ist es das Schreiben von Büchern, das Musikmachen oder Kunst anzufertigen. Für manche bedeutet es ein leidenschaftliches Suchen nach der eigenen Quelle. Für manche ist es die Suche nach neuen Wegen zu heilen. Für manche heißt es, Kinder in die Welt zu bringen. Für manche bedeutet es … na ja, du weißt, worauf ich hinauswill.

Es gibt eine Unmenge an Möglichkeiten und Optionen, aber nur damit du es weißt, *du*, in deinem vollständigsten Ausdruck, wirst nicht nur *gebraucht* in diesen »interessanten« Zeiten: Du bist verdammt notwendig.

(No pressure.)

8: STEH ZU DIR

Wisse,
was du willst und
wie du es bekommst

Aus verschiedenen Gründen entscheiden wir uns oft dafür, klein zu sein. Wir entscheiden uns dafür, leise zu bleiben und nicht gesehen zu werden. Wir machen uns kleiner, sowohl körperlich als auch metaphorisch, sodass wir keine Aufmerksamkeit erregen, niemanden verletzen und keinen Raum einnehmen.

Wieso?

Weil es verdammt riskant sein kann, einfach die zu *sein*, die wir sind.

Ob wir verstecken, was wir als unsere dunklen und knorrigen Anteile wahrnehmen, für die wir uns schuldig fühlen oder Scham empfinden sollten, oder ob wir unsere großartigen und kraftvollen Anteile herunterspielen, weil wir uns natürlich nicht »selbst loben« oder »eine Show machen« wollen. Wir tun das, weil es sich anfühlt, als ob es eine Möglichkeit gibt – eine wirklich große –, dass das Teilen, wer wir wirklich sind und was wir *tatsächlich* fühlen, bedeutet, dass wir beurteilt, verlassen und/oder zurückgewiesen werden.

Natürlich ist es sehr viel sicherer, eine schmackhafte, leicht zu konsumierende Version deiner selbst zu kuratieren, die Konflikte, Beurteilung, Herabgesetzt- und Abgewiesen-Werden vermeidet, oder?

Ja, das mag sicherer sein, und es kann sein, dass du *manchen* Konflikt vermeiden kannst. Aber wenn du das tust, verpasst du auch eine Unmenge Möglichkeiten, überrascht, genervt, geliebt, getroffen und von anderen Menschen verstanden (und missverstanden) zu werden.

Eine Unmenge Möglichkeiten, zu lernen, zu wachsen, dich zu verbinden und deinen Horizont als Mensch zu erweitern.

Eine Unmenge Möglichkeiten, ein wirklich gelebtes Leben zu leben.

WIE WÜRDE ES AUSSEHEN, SICH ANZUERKENNEN?

Wie sähe es aus, wenn du dich selbst ehren, anerkennen und sogar, ich wage es auszusprechen, *lieben* würdest? Und ich meine alles an dir: deine Absichten, deine Eigenheiten, deine Fähigkeiten und Talente, deine Geheimnisse, das von dir Verbockte, deine Fehler, dein Begehren, deine Ängste *und* deine Neurosen. Wie würde das aussehen?

Wie wäre es, wenn dein Standardsystem nicht darauf eingestellt wäre, bestimmte Teile von dir runterzuregeln oder komplett auszuschalten? Oder sich etwas anzuschließen, was jemand anderes sagt, damit du »liebenswert« bleibst? Was wäre, wenn du stattdessen erkennen würdest, dass all deine Teile das Ganze ausmachen, dass sie dich alle zu der machen, die du bist? Was, wenn du dich nicht dafür entschuldigen würdest, wer du bist, und stattdessen erklärst, »Ich bin stark, wunderbar, brillant, schlau …«? (Füge hier deine eigene Erklärung hinzu.)

Das ist ein kraftvoller Schritt.

Einer, der *alles* ändert.

Aber egal, ob Selbsthilfebuch oder Social Media dir das klarmachen wollen: Es ist keine einfache Klicke-deine-Absätze-dreimal-aneinander-Situation, wie wir in diesem Buch erforscht haben.

Langsam und sicher wirst du bei täglicher Wiederholung sehen, wie deine Erklärungen anfangen sich in deinen Handlungen widerzuspiegeln. Du wirst sehen, wie andere auf dich antworten und wie deine Erklärung sich in Wahrheit verwurzelt.

MISS DEINEN FORTSCHRITT NICHT MIT ANDERER LEUTE LINEAL.

UNGENUTZTES POTENZIAL

Weißt du, was der Hauptgrund dafür ist, dass wir eifersüchtig und neidisch werden und uns mit anderen Leuten vergleichen? Ungenutztes Potenzial.

Yep, wenn du keinen guten Sex hast, weil du zu viel Angst hast, danach zu fragen, was du wirklich in deiner Beziehung willst, kann es gut sein, dass jemand, der großartige Sessions im Schlafzimmer (und dem Wohnzimmer und der Küche) hat, dich neidisch machen wird.

Wenn du nicht die Arbeit machst, die du wirklich liebst, und du siehst jemand anderen, der stolz und ohne sich zu schämen das macht, was er oder sie gerne tut, die eigenen Leidenschaften teilt *und* daraus auch noch Geld macht, dann kann es gut sein, dass diese Person dich neidisch macht.

Es gibt ein paar wenige Ausnahmen, aber abgesehen davon gilt: Wenn du bemerkst, dass du dein Leben mit dem von jemand anderem vergleichst, dann ist das meistens ein Zeichen, dass da noch Potenzial in dir schlummert, das verzweifelt genutzt werden will, anerkannt, geliebt, ausgedrückt und gefeiert.

Wenn ich »aktiviert« bin (das ist meine freundliche Version von »Wenn jemand oder etwas auf Social Media mich absolut triggert«), dann ist das meistens ein Zeichen, dass jemand anderes eine Sehnsucht anerkennt und verwirklicht … und ich nicht.

Wir wissen alle, dass Social Media nur eine winzig kleine Präsentation dessen ist, was diese Person tatsächlich macht und erlebt, aber das stoppt nicht die laut blökende Hupe des Vergleichens.

Für mich tönt sie am lautesten,

— wenn ich ein Buch schreibe und jemand anderes das Schreiben eines Buches wirklich einfach und glamourös aussehen lässt. Grr.

— wenn ich in Großbritannien bin, es regnet, ich ausgebeulte Jogginghosen trage und jemand teilt, dass er oder sie einen dreimonatigen Arbeitsvertrag unterzeichnet hat und irgendeinen fantastischen Job in der Sonne machen wird. Grr.

— wenn jemand es echt draufhat. Dies passiert nicht nur auf Social Media – es passiert, wenn jemand krasse organisatorische Fähigkeiten hat, immer pünktlich ist, die Bücherregale nach Farbe sortiert hat und bei jedem Gang zum Einkaufen daran denkt, die Baumwolltaschen mitzunehmen. Grrr.

Merkwürdigerweise – und bleib hier einen Moment bei mir – kann ein Gefühl von Vergleich tatsächlich etwas Gutes sein. Yep, auch wenn sich das »Aktiviert«-Sein definitiv unangenehm anfühlt, kann es sein, dass die Hupe tönt, um dich wissen zu lassen, was genau darauf wartet, von *dir* anerkannt und verwirklicht zu werden. Es hat tatsächlich überhaupt nichts mit der anderen Person zu tun.

EINLADUNG: »AKTIVIERE« DEINE NEUGIER

Du musst bloß nicht darauf warten, dass du von etwas »aktiviert« wirst. Falls du das tust, wird diese Übung viel schwerer zu praktizieren sein. Nimm dir stattdessen Zeit, dich mit deinem Atem zu verbinden. Sitze bequem mit deinen Füßen auf dem Boden und stelle dir einen Timer für maximal 20 Minuten.

Jetzt stell dir die folgenden Fragen:

- Wann spüre ich Neid, Eifersucht am häufigsten und vergleiche mich am meisten?
- Gibt es bestimmte Leute und Personen, bei denen ich mich so fühle?
- Was ist es genau, das mich bei dieser Person/Situation so fühlen lässt?
- Jetzt ehrlich sein – was ist es an dieser Situation/Person, das ich mir wünsche/brauche/ersehne?
- Was hält mich davon ab, es für mich ebenfalls wahr werden zu lassen?

ANMERKUNG: Dies ist *keine*, und ich wiederhole *keine* Gelegenheit, dich selber dafür fertigzumachen, dass du nicht dies oder das gemacht hast. Die Übung soll dir helfen, zu verstehen, wieso du das fühlst, was du fühlst, eine Chance auf ein ehrliches Assessment, damit du nicht stecken bleibst. Wenn wir im Vergleichen stecken bleiben, kann das lähmend sein. Wir tun nichts, außer *noch* ärgerlicher und verbitterter zu werden, was zu einem übermäßigen Ausstoß von Kortisol (dem Stresshormon) im Körper führt und uns im Vergleichen gefangen hält. Nicht gut. Diese Übung dient dazu, dich zu ermutigen, dein ungenutztes Potenzial zu erkennen, es dir anzueignen und es zu feiern. Du sollst nur wissen, dass wenn du Neid, Eifersucht und Vergleiche in deinem Körper spürst, dann sind diese Gefühle ein Zeichen dafür, dass etwas in dir genutzt oder gefeiert werden möchte. Jeder Tag ist ein Schultag, was das magische Entfalten von DIR angeht.

VERGEBEN UND DIE SCHATTEN VON SCHAM UND SCHULD

Schau, wir haben alle in unserem Leben Entscheidungen getroffen, die weniger toll waren. Und ja, wir haben uns oder andere in dem Prozess verletzt, aber bitte mach dein großes schönes Herz auf für das, was ich dir sagen will: Es ist eine NORMALE menschliche Erfahrung, Fehler zu machen, Sachen falsch zu beurteilen, es zu vermasseln.

Wenn wir der Scham und Schuld allerdings erlauben, beständig in uns zu bleiben, dann ziehen sie sich in die Schatten zurück und können schwer, dicht und zerstörerisch werden. Sie arbeiten permanent daran, uns klein und in Angst und davon abzuhalten, unser Licht zu zeigen.

Wir haben alle Schatten. Wenn wir sie ausschalten und negieren, kann es wirklich schwierig für uns werden, sie zu erkennen und den Kurs zu korrigieren, wenn sich Dinge ändern müssen. Wenn wir sie als unsere Wahrheit anerkennen, entkoppeln wir uns von unserem intuitiven Herzen und unserem Bauchwissen, wir trauen uns nicht, Entscheidungen zu treffen, und erlauben uns stattdessen, uns von Angst leiten zu lassen.

Nichts davon ist optimal, um sein Leben zu leben.

Statt uns schlecht oder beschämt zu fühlen, uns zuzumachen oder auf uns einzuprügeln, für Fehler, die wir vielleicht oder auch nicht gemacht haben, ist es wesentlich vorteilhafter für unsere Gesundheit und Wellness, Licht in diese dunklen Ecken zu bringen, das alles sichtbar werden zu lassen und es zu bezeugen. Nutzen wir die Schatten als eine Möglichkeit für Reflexion, um zu lernen, zu wachsen, uns zu entwickeln und in unserer Ganzheit aufzutauchen. Wenn du Neid, Eifersucht und Vergleiche in deinem Körper spürst, sind diese Gefühle ein Zeichen dafür, was in dir realisiert, verändert oder gefeiert werden möchte.

ANDERE MÜSSEN DICH NICHT MÖGEN.

DU MUSST DICH MÖGEN.

SELBSTVERANTWORTUNG

Egal, ob es darum geht, wo du Vergleiche erlebst, oder darum, dass du jemanden verärgert hast, Scham erlebst oder auf eine bestimmte Art und Weise einer Person oder Situation gegenüber fühlst – wenn du dich traust, neugierig und ehrlich zu werden, schaffst du den Raum (und Mut) zu fragen: »Was geht hier eigentlich *wirklich* grade ab?«

Du schaffst Raum dafür zu sehen, was auf dich projiziert wird, weil jemand anderes sich gerade fürchtet oder weil die TV-Show, die du gerade schaust, eine Agenda verfolgt, oder weil du und deine eigene Frequenz jemand anderen sich unwohl fühlen lassen.

Du schaffst Raum für die Möglichkeit, dass du *vielleicht* was vermasselt hast, dass deine Meinung oder Überzeugung falsch sein kann. (Klar, es braucht Übung und wirklich *viel* Mut, den Raum hierfür zu schaffen, aber der Gewinn aus der Anerkennung, wo du es vermasselt hast, und dem Korrigieren deines Kurses ist *Gold* wert.)

Du schaffst Raum dafür, zu erkennen, was deins ist und was nicht. Du gibst nicht einfach den Schwarzen Peter weiter, du vermeidest nicht unangenehme Gefühle oder Gespräche, aber du akzeptierst auch nicht, wo es nicht an dir ist, zu verarbeiten oder Verantwortung zu übernehmen.

Wenn du das tust, wenn du anerkennst, was sich für dich abspielt (auf der Grundlage dessen, was du weißt und fühlst, was für dich wahr ist), wird die energetische und emotionale Last gelöst. (Oder zumindest verringert.)

Wie du dich fühlst, hat selten etwas mit der jeweiligen Person oder der Situation zu tun, mit der du konfrontiert bist. Das erkennst du. Du siehst und verstehst, was akzeptiert und/oder verändert werden muss, und dann – und das ist der positive Teil – entsteht dem Planeten und der Menschheit zuliebe das Vermögen für Mitgefühl und Vergeben, sowohl für dich als auch für andere.

Selbstverantwortung ist Kraft für dich selbst.

ANMERKUNG: Während du dieses Entdecken, Umlernen und Neulernen angehst, ist es wichtig, dass du dich um dein Herz, deinen Geist und dein Nervensystem kümmerst.

Verstecke dich nicht – und entschuldige dich nicht (außer du warst ein Arsch)

Wege, die dir helfen, sicherzustellen, dass du dir gegenüber ehrlich *und* kein Arsch bist:

- Übernimm Verantwortung für dich selbst *und* deine Umgebung.
- Erkenne, dass du nicht immer recht hast.
- Lege die unrealistischen Erwartungen ab, perfekt zu sein.
- Sei offen für die Meinungen anderer und erkenne, dass du immer noch mit Leuten befreundet sein kannst, die andere Einstellungen und Meinungen haben.
- Werde ein intuitiv denkender Mensch, der auf seine Gefühle und die Weisheit seines Bauches hört.
- Sei dir bewusst, dass du nicht abtreten musst, nur weil jemand anderes lauter schreit.
- Habe Leidenschaft und Mitgefühl.
- Drücke die Dinge aus, die dir wichtig sind, und sprich darüber.

Es gibt keinen Zweifel daran, dass es Mut und Mumm braucht, anzuerkennen, wer du bist, was du willst, wofür du stehst und was du der Welt bieten kannst – doch indem du das tust, wird deine Präsenz wirklich zu deiner Kraft.

Eine meiner Lieblingskünstler:innen, Georgia O'Keeffe hat einmal gesagt: »*Ich habe es bereits für mich geklärt, daher fließen Schmeicheleien und Kritik bei mir denselben Abfluss runter und ich bin ziemlich frei.*« Wenn du dich nicht änderst, um »weniger bedrohlich« zu sein, und nicht stets versuchst, hineinzupassen, als »akzeptabel« angesehen zu werden oder andere dazu zu bringen, sich in dich zu verlieben, wenn du stattdessen Verantwortung für deine Handlungen übernimmst, wenn du es wagst, mit deinen Schatten zu tanzen – dann wirst du frei.

Und aus dieser Freiheit entsteht ein *echtes* Sicherheitsgefühl.

Du kennst dich selbst und all deine Anteile so inniglich, dass niemand Macht über dich haben kann. Niemand kann dir Vorwürfe machen, dich beschämen oder dir das Gefühl geben, weniger wert zu sein.

Du kannst ganzheitlich, in dir zu Hause, ganz du selbst werden.

Du kannst dich mögen, lieben und respektieren, deinen Wert kennen und anerkennen, wer du bist.

Du bist präsent und du bist ganz.

9: ZÜNDE DEIN LICHT AN

Wie du strahlst, gesehen wirst und magnetisierst

Wenn das »Ziel« ist, präsent und ganz zu sein, was kommt dann als Nächstes?

Was *machst* du dann damit?

Du zündest dein Licht an und leuchtest. HELL.

Du lässt deine Präsenz in der dir eigenen Frequenz vibrieren und wirst eine Fackel, die so hell leuchtet, dass du ein Leuchtturm der Liebe, Kraft und Möglichkeiten wirst.

Du musst da nichts *tun*.

Kein Drängen, Eifern oder Suchen nach Anerkennung.

Du bist in deinem Körper, mit deiner Quelle verbunden und von ihr genährt.

Dein Herz ist offen. Du bist in deinem Bauch zentriert.

Dein Atem fließt in Einklang mit deiner rhythmischen Intelligenz.

Du bist geerdet, fühlst Mutter Erde unter deinen Füßen und weißt, dass wo immer DU bist, der Boden heilig ist.

Du hast ein Bewusstsein für dich selbst und für diejenigen, mit denen du in Verbindung bist. Du bemerkst Energie, Gefühle, Sinneseindrücke, Details und Nuancen.

Du reagierst nicht. (Zumindest nicht IMMER. Es ist alles ein Prozess, weißt du ja.)

Du trainierst deine Urteilskraft. Du pausierst, *fühlst*, antwortest.

Das bist du – selbstbewusst, kraftvoll und präsent.

DIE MACHT, GESEHEN UND GEHÖRT ZU WERDEN

Hast du Angst davor, mächtig zu sein?

Ich verstehe das absolut, falls es so ist, denn wir verwechseln Macht oft mit der veralteten patriarchalen Macht, die *manche* Männer in Machtpositionen ausüben, oder mit der »Ich-zertrete-dich-um-nach-oben-zu-kommen«-Haltung *mancher* Frauen. (Dies sind Stereotype, aber du verstehst, was ich meine, oder?) Unsere Angst vor dieser Art Macht kann direkte Wirkung darauf haben, wie viel wir uns in der Welt »sehen« lassen wollen.

—— Magst du gesehen werden?

—— Magst du es, im Zentrum der Aufmerksamkeit zu stehen?

—— Sprichst du Dinge an, die du als falsch oder ungerecht empfindest?

—— Oder ziehst du es vor, aus dem Licht zu gehen und dich im Hintergrund zu halten?

Keine dieser Präferenzen ist falsch – solange sie wirklich *deine* Präferenz ist. Wenn du aber laut bist als Zeichen gespielter Tapferkeit oder leise aus Furcht das Schiff zu steuern, dann bist du nicht völlig präsent. Völlig in deiner Präsenz zu sein ist nicht immer leicht. Wir haben gelernt, dass diejenigen, die gerne im Zentrum der Aufmerksamkeit stehen, zu laut und »zu viel« sind, während diejenigen, die sich gerne im Hintergrund aufhalten, als »nicht genug« gelten.

Es kann eine ziemliche No-win-Situation sein.

Als Frau habe ich oft gehört, ich solle ruhig sein. Als Frau in einem größeren Körper hat man mir vorgeworfen, zu viel Raum einzunehmen. Man hat mich aufgefordert, abzunehmen und weniger zu sein, als ich bin. Mit meinem knallpinken Lippenstift, Leopardenmuster-Kleidern und Blumen im Haar würde ich zu viel Aufmerksamkeit auf mich ziehen.

Als ich es noch nicht besser wusste, bin ich durch solche Kommentare geschrumpft. Ich habe mein Licht gedimmt, mich angepasst und versucht, die »richtigen« sozialen Normen zu erfüllen.

Und heute?

Heute sage ich BULLSHIT. Und zwar richtig laut.

Wie auch immer du dich der Welt zeigen willst, ist absolut deine Sache.

Jeden Tag bist du es, die erklärt: »Dies ist, was ich tief in meinem Bauch weiß und fühle.«

Stell dir das vor. *Du* darfst dich selbst befreien, dich ins Zentrum deiner Erfahrung setzen, deine eigenen Entscheidungen treffen und dich vollständig ausdrücken.

Ganz souverän. Völlig in deiner Macht.

DU BRAUCHST NIEMANDES ERLAUBNIS, UM DU SELBST ZU SEIN.

EINLADUNG: PERSÖNLICHE POWER-PRÄSENZ

Hat unsere persönliche Präsenz Power (ja, ich liebe Alliterationen), dann fühlen wir uns wohl, in absoluter Übereinstimmung mit der Wahrheit, wer wir sind, gesehen und gehört zu werden. Wir ruhen in unserem Selbst, trauen unserem Bauchgefühl und sind fähig, uns ohne Entschuldigung oder Bestätigung Raum zu nehmen.

Dies ist eine einfache Übung zum Aufbau deiner Energie, um dich selbst in deinem Körper und in deiner persönlichen Power zu *spüren*. (Ich mache diese Übung vor Workshops oder Meetings, sie kann aber auch Teil deiner Morgenroutine sein – wenn die Sonne scheint, strecke dich Richtung Licht und lass dich davon ausfüllen.)

Stehe mit beiden Beinen fest auf dem Boden. Lass die Arme hängen, beuge die Knie und bringe deinen Fokus in dein Zentrum, zu dem Ort direkt unter dem Bauchnabel.

Verbinde dich mit deinem Atem.

Fühle dich sicher in deinem Zentrum. Fühle die Erde unter deinen Fußsohlen.

Jetzt atme tief durch die Nase in Brust und Bauch. Atme nach einer kleinen Pause durch die Nase aus. Und wieder von vorne.

Spüre, wie sich dein Körper zu allen Seiten ausdehnt, während du einatmest. Deine Schultern rollen nach hinten, dein Nacken streckt sich, deine Wirbelsäule wird gerade und dein Kinn hebt sich.

Spüre, wie deine Arme sich von deinem Körper wegstrecken und deinen persönlichen Raum weiten. Lass auch deine Handflächen und Finger sich strecken, um noch mehr Raum zu schaffen.

Spüre deine Verankerung in der Gegend deines Bauchnabels.

Spüre, wie sich deine Brust mit jedem Einatmen ausdehnt.

Bleibe in dieser Position für ein bis fünf Minuten. Halte deine Arme stark. Lass die gebildete Wärme in deinen Körper, spüre die Sinneseindrücke und lass den Atem durch die Nase kommen und gehen.

Lass anschließend deine Arme fallen und erlaube deinem Atem in seinen üblichen Rhythmus zurückzukehren. Spüre deiner persönlichen Power-Präsenz ein paar Momente wirklich nach. Es ist keine Identität, es ist eine gefühlte Kraft und du darfst wählen, wie du sie in der Welt teilst.

BRING DICH SELBST ZUM LEUCHTEN

Wenn wir unsere persönliche Power-Präsenz als Energie und Sinneseindrücke in unserem Körper spüren, wissen wir, dass sie existiert. Wir wissen, dass wir existieren und uns von innen mit Freude, Leidenschaft, Hingabe, Spiel und Liebe zum Leuchten bringen können.

Was zündet das Feuer in deinem Bauch an?

Wenn du deine Energie darauf fokussierst, was dich erfüllt, was dich erleuchtet, was dich sättigt und am wichtigsten, was sich verdammt gut anfühlt, dann bist DU nicht länger abgeschaltet, zerstreut und verschwendet. Der Prozess der Wechselwirkung ist reizvoll, wichtig und nährend. Du wirst nie erschöpft oder müde: DU bist versorgt durch die Original-Quellenenergie und es fühlt sich GUT an.

Wenn ich mich je frage, »Was ist der Sinn dieses Lebens? Was soll das alles?« (was ich manchmal tue, weil, na ja, ich bin ein Mensch), dann schaue ich mir meine Bring-mich-zum-Leuchten-Liste an. Eine Liste, die ich vorne in meinem Journal habe, auf der sich Personen, Zitate, Musik finden – alles oder jeder, der Feuer, Liebe und Licht in meinem Bauch anzündet. Diese Liste ist auch ein Altar der Dankbarkeit und Hingebung an all das, was ebenfalls auf meiner Liste steht, wie Salt 'n' Pepa (und nicht zu vergessen Spinderella), für mein Lieblingsalbum aller Zeiten *Hot, Cool & Vicious*, Paris als die Stadt, in der ich unglaublich viel geküsst habe (und wo mein Wikinger-Ehemann mir einen Antrag gemacht hat – süß, nicht wahr?), und Hilma af Klint – eine weitere Künstlerin, die ich liebe und die ihrer Zeit weit voraus war. Wenn du den Sachen gegenüber, die dich gut fühlen lassen, dankbar bist und sie ehrst, wird das gute Gefühl verstärkt, sodass du mehr davon in dich hineinlassen kannst. Und wir wollen so viel gutes Gefühl wie möglich!

DU *DARFST* GLÜCKLICH SEIN

Eine Bring-mich-zum-Leuchten-Liste zu schreiben, Licht und Freude einzulassen, dankbar zu sein, sodass ich noch mehr hineinlassen kann, ist nicht so einfach. Obwohl wir dauernd auf der Suche nach Freude sind, trauen wir uns oft nicht, sie hereinzulassen.

Wir versuchen so sehr, unsere Erfahrungen zu kontrollieren, uns sicher zu fühlen, indem wir das »Richtige« tun, dass wir vergessen haben, wie mächtig und kraftvoll Freude, Licht, Liebe und Glück tatsächlich sind.

Die meiste Zeit meines Lebens war mir diese »Licht, Liebe, Segen und Dankbarkeit«-Sache suspekt. Zugegeben, unverfälscht fröhliche Menschen habe ich oft komisch angeguckt.

Ich soll drei Dinge nennen, für die ich dankbar bin? Pah. Nein, danke. Wieso? Aus vielen Gründen, über die ich jetzt weiß, dass sie in den angsterfüllten »Armes Ich«-Geschichten wurzelten, und die mich eine Schutzschicht aus Sarkasmus bilden ließen, die All. Die. Guten. Sachen. abgeblockt hat.

Während ich zu einem gesunden Hinterfragen aller Sachen ermutigen würde, muss das nicht auf Kosten dessen gehen, dass ich mir erlaube, mit der »leichteren« Seite des Lebens zu experimentieren und Freude, Spaß, Lachen, Spiel und Vergnügen zu erleben.

Heute weiß ich und erfahre in mir selbst, dass je dankbarer ich dafür bin, was ich habe, desto mehr »Segen« kann ich empfangen. Je mehr Vergnügen und Lachen ich mir erlaube, desto größer wird meine Fähigkeit, noch mehr einzulassen.

FYI: Ich glaube immer noch, dass der Spruch von »Liebe und Licht« total überstrapaziert ist. Nur mal so unter uns.

Du darfst glücklich sein.

Ja, wir erleben »interessante« Zeiten und ja, es gibt Tod und Zerstörung in der Welt. Aber wenn du es überhandnehmen lässt, auf alle Nachrichten anspringst, dich in jede Schlacht wirfst, ist das der sicherste Weg in den Burn-out.

Wir brauchen dich leuchtend, gut versorgt, deinen Segen empfangend und beanspruchend. Wir brauchen deine Power-Präsenz. So wirst du ein sicherer Hafen, dem nicht nur du, sondern auch andere vertrauen können. Ob du auf der Bühne stehst oder im Supermarkt,

Aktivist:in bist, dich um Angehörige kümmerst, für Tierrechte kämpfst oder einen Bestseller schreibst, so kannst du Wirkung entfalten und die Welt verändern.

»Nimm deinen Segen in Anspruch.« – Zen Nest

WIE VIEL FREUDE UND VERGNÜGEN KANNST DU (AUS)HALTEN?

Nur wenige von uns haben gelernt, Freude und Vergnügen mehr als einen flüchtigen Moment lang in uns zu halten, ohne sie wegzuwischen, herunterzuspielen oder das Gefühl zu haben, sie nicht zu verdienen. Daher lade ich dich ein, deine Fähigkeit, Freude und Vergnügen zu halten, l-a-n-g-s-a-m auszudehnen.

Ich erstelle eine Playlist mit Songs, bei denen ich mich großartig fühle und die Freude und Sinnlichkeit in mir hervorrufen. Ich habe eine klare Absicht: *Lass Freude, Vergnügen und Glück in meinem Körper anwesend sein.* Dann drücke ich auf Play. Und das ist es. Ich schaffe einen sicheren Raum, um ungehemmt meinen Körper zu bewegen. Ich spüre meine Zehen, stampfe mit den Füßen, streichele mein Haar, klopfe meinen Körper, bewege meine Hüften (bring auf jeden Fall deine Hüften in Bewegung – das ist wie Medizin). Ich versuche, meine Gefühle von Freude und Vergnügen oder Geräusche, die ich machen will, nicht zu kontrollieren. Stattdessen konzentriere ich mich auf meinen Atem und schaue, ob sich diese Gefühle in meinem ganzen Körper ausdehnen lassen.

Der Trick ist, sich nicht zu verspannen (Wenn du, wie ich, dazu neigst, alles kontrollieren zu wollen, braucht es ein bisschen Übung und Geduld). Dehne stattdessen die Möglichkeit aus, dass dein Körper Freude halten kann. Du kannst es auch beim Sex ausprobieren, wenn du möchtest – auch allein. Dabei geht es darum, Freude, Vergnügen und alle guten Gefühle IN deinem Körper zu halten. Sie alle anwesend zu halten, statt sie direkt wieder zu entlassen oder kontrollieren zu wollen. Oder von ihnen umgehauen zu werden, weil du glaubst, sie nicht bewältigen zu können. Du kannst es. Bewältigen.

Du hast die Fähigkeit, so viel Freude, Glück und Licht zu halten. Erlaube der Freude und dem Glück, deine Kanten zu treffen, zu bleiben, bis irgendein Übermaß an Freude an die Oberfläche kommt, und dann, na ja … genieße es.

DEIN GANZES SELBST IST WILLKOMMEN.

EINLADUNG: WERDE WEICH, WENN ES ZU VIEL WIRD

Während wir erforschen und damit experimentieren, wie viel Freude wir halten können, kann es manchmal zu viel werden. Diese Übung kann helfen, wenn wir uns wirklich überwältigt fühlen.

Hole eine Matte raus oder gehe nach draußen und leg dich auf Mutter Erde. Liege auf dem Bauch und drehe deinen Kopf nach links. Lege deine Handinnenflächen flach auf den Boden.

Atme tief.

Fühle, wie du Bauch an Bauch mit Mutter Erde liegst und weich wirst.

Gib dein ganzes Gewicht an sie ab.

Lass deinen Blick weich werden. Deine Lippen. Deine Zunge. Dein Gesicht. Deinen Kiefer.

Lass deinen Hinterkopf weich werden. Deinen Nacken. Deine Schultern.

Lass deine Arme weich werden, deine Ellbogen, deine Handgelenke, deine Handinnenflächen, deine Handrücken und deine Finger. Lass den hinteren Teil deines Körpers weich werden. Und den vorderen Teil. Die linke Seite deines Körpers und die rechte Seite. Lass deinen Bauch weich werden. Deine Hüften. Deine Pobacken. Lass deine Sexualorgane weich werden. Deine Oberschenkel. Deine Knie, deine Schienbeine, deine Waden, deine Fußgelenke. Lass deine Fußsohlen weich werden, die Oberseiten deiner Füße und deine Zehen.

Lass dich weich sein.

Fühle Mutter Erde unter dir.

Sie hat dich. Sie kann dich halten. Sie kann es alles halten. Lass es dir von ihr zeigen.

Bleibe so lange liegen, bis die energetische Ladung und das Gefühl der Überwältigung weniger geworden sind, und dann komm zurück in dein Zentrum.

WAS DIE WELT JETZT BRAUCHT, ... IST MEHR *DU*

In unserer immer fragmentierter, entzündeter, komplizierter und komplexer werdenden Welt gibt es so viel, das uns beschäftigt – so viele Anliegen zu unterstützen, so viel, um dafür oder dagegen aufzustehen. Die Arbeit, der ewig sich entfaltende Prozess du selbst zu sein, besteht daher darin, in der Kraft deiner Präsenz zu bleiben und deiner Präsenz zu erlauben, in allem anwesend zu sein: in dir selbst und deiner inneren Landschaft, während du dich um die äußeren Notwendigkeiten deines Lebens kümmerst – um die Menschen, die du liebst und die dir wichtig sind, und die Welt, in der du lebst.

Wie alles andere, worüber ich in diesem Buch geschrieben habe, ist dies eine Übungssache.

Sobald du dich mit dir selbst verbindest, deinem Körper und deiner Weisheit, verbindest du dich mit anderen. Mit der Natur und dem Planeten. Während du dich weiter ausdehnst, heilst und enthüllst, wirst du stärker. Dein Herz und deine Liebe zu Menschen wachsen und du interessierst dich mehr. Nicht nur für dich, sondern auch für deine Familie, deine Liebsten, deine Communitys und für die Welt, in der du lebst.

Wenn du gefüllt bist, leuchtest und deiner eigenen Autorität traust, kannst du helfen, ohne dass du ausbrennst, weil du nicht auf das Leben reagierst – sondern auf es eingehst.

Du kannst deine Stärken, Gaben, Verbindungen, Talente, dein Wissen, deine Macht und deine Ressourcen ganzheitlich sehen und anerkennen. Und du bist in der Lage, dich zu fragen: »Wie kann ich sie nutzen, um andere zu unterstützen?«

Versuche nicht, die ganze Welt auf einmal zu reparieren, denn das ist schlichtweg nicht möglich. Kümmere dich stattdessen um die Sachen in deiner Reichweite. Nicht, indem du andere belehrst, Predigten hältst oder ihnen sagst, was sie tun sollen. Durch deine Präsenz – durch deine Handlungen als in deinem Körper verankerter Mensch – hast du den allergrößten Einfluss. Und der ist stark.

Wirklich verdammt stark.

BE HERE NOW: DEINE PRÄSENZ IST DEINE POWER

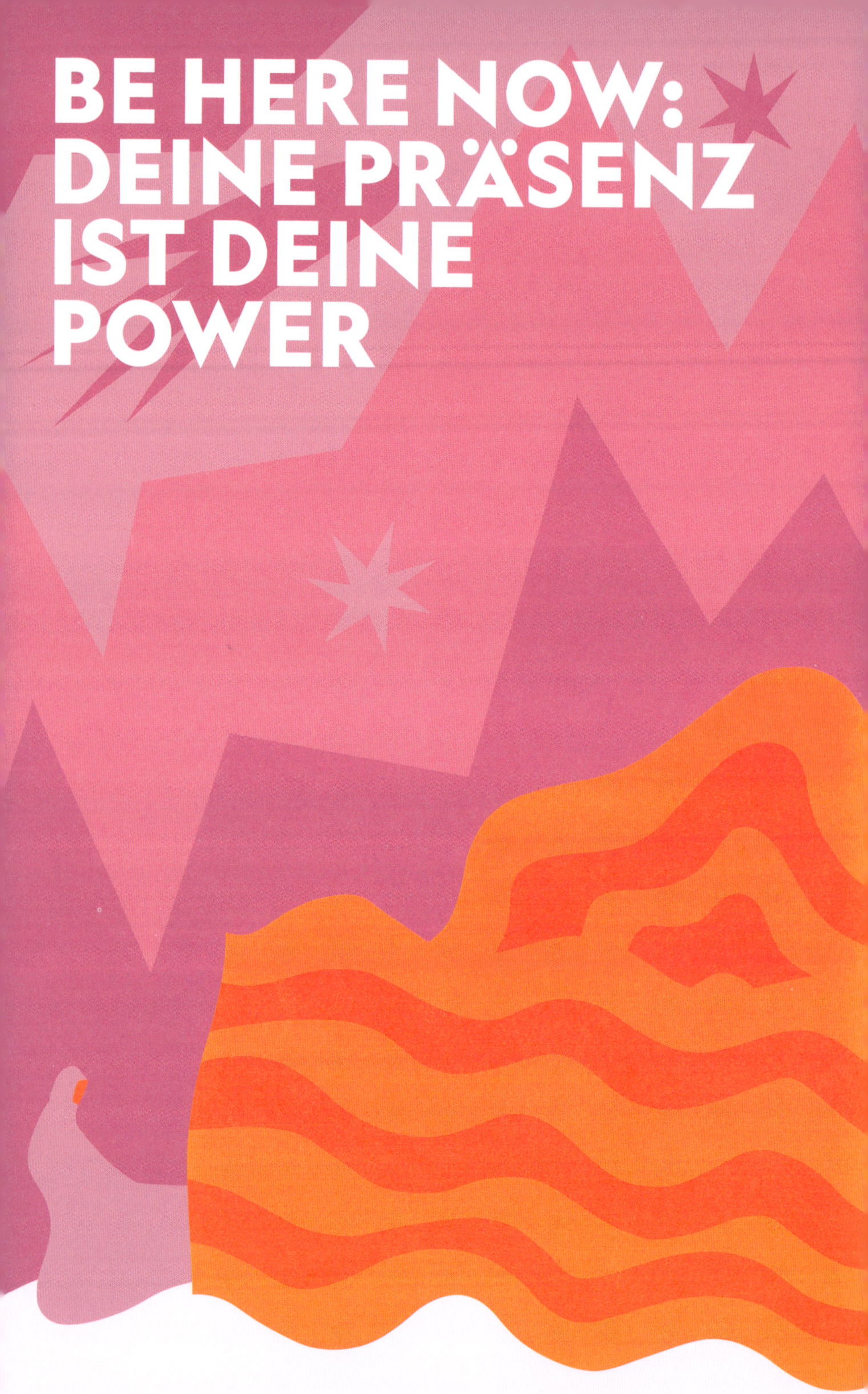

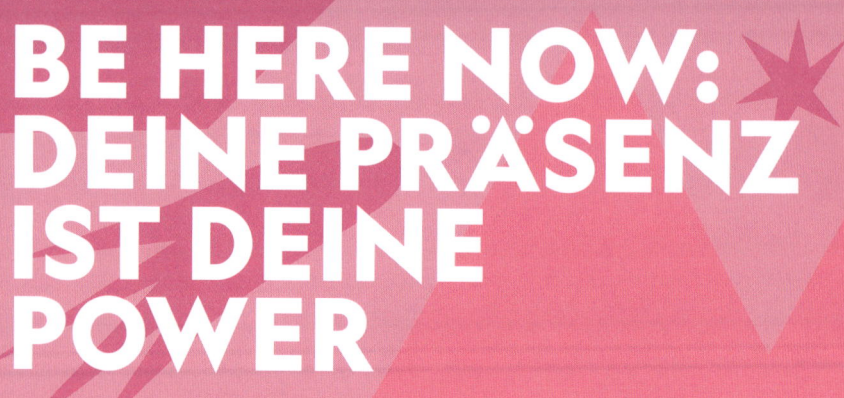

DU BIST
VOLLER KRAFT

Du hast losgelassen, wer du zu sein dachtest und wer du zu sein gesagt bekommen hast. Stattdessen liebst und umarmst du dich, wie du bist.
Du bist voller Kraft.

Du weißt, dass dich nicht definiert, was andere Leute über dich denken.
Du bist voller Kraft.

Du hast dich freigemacht von jeglicher Beurteilung.
Du bist voller Kraft.

Du weißt, du bist es wert und du bist schön. Nicht weil andere es dir sagen, sondern weil du es als Wahrheit anerkannt hast.
Du bist voller Kraft.

Du bleibst deinen Gefühlen, Meinungen, Gedanken und Emotionen treu (und schaust täglich bei ihnen vorbei, weil du offen bist und weißt, dass du dich ändern kannst).
Du bist voller Kraft.

Du hast aufgehört, dich zu erklären, oder was du willst und wer du bist.
Du bist voller Kraft.

Du lebst dein Leben nach deinen eigenen Regeln, ohne Entschuldigungen (außer du warst ein Arsch).
Du bist voller Kraft.

Du bist stolz in der Kraft deiner eigenen Präsenz zu Hause.
Du bist voller Kraft.

UND ZUM SCHLUSS …

Für den Fall, dass du eine Erinnerung brauchst, dass deine Präsenz deine Kraft ist, fülle diese Seite aus, reiße sie aus dem Buch und hänge sie irgendwo auf, wo du sie jeden Tag siehst.

WANN WAR ICH TAPFER UND MUTIG?

WORAUF BIN ICH AM MEISTEN STOLZ?

WOFÜR STEHE ICH, WAS UNTERSTÜTZE ICH?

WER STEHT MIR ZUR SEITE?

WAS BRINGT MICH ZUM LEUCHTEN?

WAS SIND MEINE SUPERKRÄFTE?

WAS IST MEINE EIGENE DEKLARATION VON KRAFT UND PRÄSENZ?

Du, in deinem ganzen Ausdruck – ohne dich zu verstecken, ohne dich selbst zu korrigieren, ohne Teile von dir zurückzuhalten, von denen du fürchtest, dass sie nicht akzeptiert werden oder dass du wegen ihnen ausgelacht, niedergemacht oder weggedrängt werden könntest – du bist voller Kraft.

In dir brennt ein leidenschaftliches Feuer und Licht.

Ein Leuchtturm der Hoffnung und Magie in diesen »interessanten« Zeiten.

Du brauchst keine Bestätigung.

Du brauchst keine Anerkennung.

Du brauchst keine Erlaubnis.

Du erteilst dir deine eigene Erlaubnis.

Du bewertest deine eigenen Aktionen, klopfst dir selbst auf die Schulter und erklärst dich zur leidenschaftlichen und notwendigen kraftvollen Präsenz in der Welt.

ÜBER DIE AUTORIN

Lisa Lister ist eine Bestseller-Autorin, Künstlerin, Therapeutin für Frauengesundheit und Lehrerin für Yoga und somatische Bewegungen. Sie bietet praktische, psychologische und spirituelle Werkzeuge an sowie Anleitung und Unterstützung für Frauen, die dabei sind, ihre Beziehung zu ihrem Körper, ihrem Zyklus, ihrer Sexualität und ihrer Kraft zu heilen.

www.thesassyshe.com

REGISTER

A

Abnehmender Mond 100
abgekoppelt sein 15, 26–27, 37, 47
Aktiviere-deine-Neugier-Übung 149
Angst 15, 23, 26, 30, 47
    zu fühlen 41–42
    und Bloßstellung 128
Atmen, fokussiertes 30
Aufladen-der-Batterien-Übung 116
ausdrücken, sich 44, 141–142
Authentizität 135
Authorität, die eigene sein 104–123

B

Baubo 76
Bauch, der 76, 81
    Verbinde-dich-mit-deinem-Bauch-Übung 77
    Intuition, deiner vertrauen 78–79
Bauchgefühl 23, 78–79, 81, 89
Bedürfnisse, innere 59
bequem, mit dem Unbequemen 53
Bestätigung suchen 107
Bewegung 42
    sich bewegen, um zu fühlen 42, 45
Bloßstellung und Angst 128
Bruner, Professor Jerome 56

C

Coelho, Paulo 113
Creatrix 140–141

D

Dana, Deb 60
Dass, Ram 73
Date-mit-dem-Schicksal-Übung 110–111
Depression 23, 26, 88
Dopamin 87
Dunkle Mondphase 101
Durek, Shaman 79

E

Emotionale Enthüllung 44–45
Empfänglichkeit 93
Empfindungen 90
Endorphine 36
Energie 48, 98–101, 127, 162

Enterisches Nervensystem (ENS) 78
Entscheidungsfindung 105, 118–120, 123
entschuldigen 154
Erniedrigung 24, 32
Erskine, Gizzi 128
Erzähl-deine-Geschichte-hol-dir-deine-Kraft-Übung 67
Erwartungen 14, 56, 114
Erwecke-deine-Sinne-Übung 91
Estés, Dr. Clarissa Pinkola 107–108

F

Frage-dein-ganzes-Körpersystem-Übung 119
Frequenz, entdecke deine 70–85
Freude 89, 164

G

Gefühle 40–54
    Bauchgefühl 23, 78–79, 81, 89
    Die emotionale Enthüllung 44–45
    Gefühle erforschen 42, 45
    Angst zu fühlen 41–42
    Gefühle fühlen 53–54
    Es sich bequem machen mit dem Unbequemen 53–54
    sich bewegen, um zu fühlen 42
Genuss 92
Geschichte, deine neue 55–67
gesellschaftliche Hypnose 24–26, 56, 128
Glaubenssätze 14–15, 24, 37, 56, 107
glücklich sein dürfen 163–164
Glückshormone 36
Godin, Seth 56
Gray, Amber 60
Grenzen setzen 113, 114–115

H

Halten-und-umarmen-Übung 36
Halten-und-versorgen-Übung 95
Hater 82, 85
hell yes, fuck no 118–120
Herz, das 81
Hilfe suchen 105, 107
hypermobil 90

I

Informationsüberfluss 74
innere Weisheit 101
Introvertierte Extrovertierte 127
Intuition 23, 39, 78–79, 89, 108
Inventur 110

J

Jahreszeit 51, 52
Ja-Mädchen 118
Jamil, Jameela 128
John, Jaiya 115

K

Kakao 88, 90
Klang, Gefühle erforschen mit 42, 45
Klint, Hilma af 162
Komplimente 123
Kontakt aufnehmen 22–29
Körper
    auf den Körper hören 22–29, 40
    Kontakt zu deinem aufnehmen 22–29
    als »sicherer Hafen« 32–34
    auf ihn einstellen 120
Kortisol 150
Kraft
    kraftvoll 68–123
    Kraft zurückholen 65, 67, 68–123
    Persönliche-Power-Präsenz-Übung 160
    Persönliche Power-Präsenz 162, 164
    Die Macht gesehen und gehört zu werden 157–158
    Powerbank-Übung 116
    Erzähl-deine-Geschichte-hol-dir-deine-Kraft-Übung 67
Kritik 82, 85

L

Licht, entzünde dein 156–167

M

Macht, gesehen und gehört zu werden 157–158
Madonna 132
McCrory, Helen 63
Menstruationszyklus 49–52, 89, 97–101, 118
    Planen gemäß Mond und Menstruation 97–102
Mikroritual 32
Mitgefühl 61, 128, 133, 153, 154

Moment, leben im 29, 30, 39
Mondphasen 51, 52
    Planen gemäß Mond und Menstruation 97–102
Moodboard 141
Musik 42, 164

N

Nährboden 74
Nahrung 89
Narrativer Diskurs 56
Natur, verbinden mit der 48–49
Negative Erfahrungen 24, 82
Nein sagen 118, 120
netzwerken 99

O

O'Keeffe, Georgia 154
Ovulation 99
Oxytocin 36

P

Panikattacken 23
Paul, Ru 71
Polyvagale Theorie 60
Porges, Dr. Stephen 60
Potenzial, ungenutztes 147
Power 169
Powerbank-Übung 116
Präsent 124–167
Prä-Menstruation 100
Prä-Ovulation 98
Priorität, werde deine eigene 1A-122–123
Produktivität 98

Q

Quelle
    die eigene finden 88–89, 97
    sich mit seiner verbinden 88–89, 93

R

Rationales Denken 78
Realität, schaffe deine eigene 136–139
Regeln 63
Rumi 73, 141–142

S

Scham 24, 32, 41, 60, 128, 144, 150–151, 153
Schlaf 127
Schmerz, physisch 47

Schwingungen, deine Frequenz und 71, 73, 82, 85
Selbst, das
    Selbstbewusst 20–67
    Das beste Selbst gegen das reale Selbst 132
    Selbstfürsorge 87
    Selbsthilfe 87
    Selbstliebe 16, 17, 96
    Selbstverantwortung 17, 108, 123, 153–155
    Selbstwert 113, 131, 139
    Selbstwertgefühl, geringes 26
Selbstbewusst 20–67
Serotonin 36, 87
Sie-Landschaft-Übung 51–52, 89
Sinne 90–91, 93
Sivers, Derek 118
Social Media 24, 60, 61, 108, 128, 132, 135, 147
»Solltest« 59, 108
Soziales Nervensystem 60–61
Stille 74, 89
Superkraft, Empfänglichkeit als weibliche 93

T
tanzen 42, 88

U
Überlebensmodus 26–28
Übungen
    Aktiviere deine Neugier 149
    Aufladen der Batterien (Powerbank) 116
    Date mit dem Schicksal 110–111
    Erforsche deine Gefühle 45
    Erwecke deine Sinne 91
    Erzähl deine Geschichte, hol dir deine Kraft 67
    Frage dein ganzes Körpersystem 119
    Halten und umarmen 36
    Halten und versorgen 95
    Persönliche Power-Präsenz 160
    Sie-Landschaft 51–52, 89
    Verbinde dich mit deinem Bauch 77
    Was hält dich zurück? 129–130
    Was ist deine Geschichte? 57
    Werde Creatrix 140–141
    Werde l-a-n-g-s-a-m und spüre 31
    Werde weich, wenn es zu viel wird 166
Urteile 60–61
Urteilskraft 88, 135, 157

V
Verantwortung
    abgeben 107
    Selbstverantwortung 17, 108, 123, 153–155
verbinden, sich 167
vergeben 150–151
Vergleich 60–61, 133, 147–148, 150
Vergnügen 164
verstecken 154
Vollmond 99

W
Was-hält-dich-zurück?-Übung 129–130
Wechselwirkung 162
Weisheit, innere 101
Werde-Creatrix-Übung 140–141
Werde-langsam-und-spüre-Übung 31
Werde-weich-wenn-es-zu-viel-wird-Übung 166
Wert, kenne deinen 113
Werte 113, 114

Z
zeigen, sich 126–142
zentriert sein 74, 81, 85
Zentrum, lokalisieren 76, 81
Zunehmender Mond 98
Zurück zur Natur 48–49
zu sich stehen 143–154
zyklische Intelligenz 50–51, 97–101